RAPPORT DU MAIRE

SUR LA

QUESTION DU GAZ

DEUX SOLUTIONS

Construction d'Usines et régie municipale.

Traité avec la Compagnie du Gaz.

LYON
IMPRIMERIE NOUVELLE LYONNAISE
Rue Sainte-Catherine, 4

1897

RAPPORT DU MAIRE

SUR LA

QUESTION DU GAZ

DEUX SOLUTIONS

Construction d'Usines et régie municipale.

Traité avec la Compagnie du Gaz.

LYON

IMPRIMERIE NOUVELLE LYONNAISE

Rue Sainte-Catherine, 3

—

1897

RAPPORT DU MAIRE

QUESTION DU GAZ

DEUX SOLUTIONS

Construction d'Usines et régie municipale.
Traité avec la Compagnie du gaz.

Messieurs, vous connaissez la situation particulièrement intolérable faite à la ville de Lyon par suite des traités passés avec les Compagnies du gaz de Perrache, de la Guillotière et de Vaise ; les tarifs excessifs dont se plaignent les consommateurs de gaz sont encore aggravés par l'interdit qui pèse sur la lumière électrique.

Sortir de cette impasse est une impérieuse nécessité, et le Conseil municipal l'a bien compris lorsqu'il a invité l'Administration à rechercher les mesures qui pourraient donner satisfaction aux réclamations si motivées de la population.

Pour répondre aux intentions du Conseil, nous avons étudié les différentes solutions qui sont proposées.

A l'heure actuelle, toutes les tentatives pour obtenir amiablement une réduction de prix n'ont pu aboutir, et les Compagnies, fortes de leur privilège, entendent bien ne le céder ou ne le modifier avant le terme des traités que contre compensation. Loin de leur nuire, la temporisation sert au contraire leurs intérêts et elles attendent sans inquiétude l'heure où finira le monopole, certaines jusqu'à ce moment d'encaisser la grosse somme et de rembourser avec larges bénéfices capital et intérêts. La grande Compagnie ne redoute même pas de disparaître, car les traités à longue échéance qu'elle a passés avec les communes suburbaines lui assurent l'avenir pour une longue durée.

Devons-nous donc attendre encore sept ans, et alors quelle sera notre situation en 1904 ?

Devons-nous traiter avec la Compagnie au mieux des intérêts des contribuables ?

Ces deux solutions se résument : la première, dans la mise en régie de l'éclairage au gaz par la Ville, en 1904, avec obligation de construire des usines et d'en assurer le fonctionnement ; la seconde, dans une convention nouvelle avec la Compagnie du gaz.

La Compagnie nous propose un traité dont les grandes lignes sont les suivantes :

A. — Abrogation immédiate des traités qui assurent à la Compagnie le monopole de la distribution du gaz et de la lumière électrique. — Liberté de la concurrence pour les particuliers et toutes les compagnies ;

B. — Mise en vigueur d'un cahier des charges qui serait le même pour tous ;

C. — Concession d'autorisations accordées à la Compagnie et à ses concurrents pour une durée de 40 années ;

D. — Redevance municipale de 10 % sur les recettes du gaz et de 6 % sur celles de la lumière électrique ;

E. — Prix maximum de la vente de la lumière électrique : 0 fr. 10 c. l'hecto-watt-heure ;

F. — Prix maximum du mètre cube du gaz d'éclairage et de chauffage domestique :

1897 à 1905	Fr.	0 20
1905 à 1913		0 19
1913 à 1921		0 18
1921 à 1929		0 17
1929 à 1937		0 16

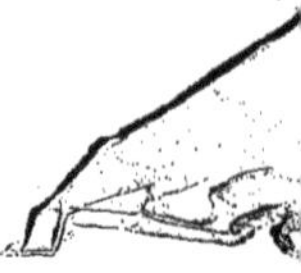

G. — Le prix maximum du gaz industriel serait de 0 fr. 16 pour toute la durée de la concession et le prix maximum du gaz vendu à la Ville de 0 fr. 10 le mètre cube,

Les stipulations suivantes règleraient la situation réciproque de la Ville et de la Compagnie :

a) Jouissance de la canalisation actuelle pendant la durée de l'exploitation au prix annuel de 200,000 fr.

b) Extinction de tous litiges entre la Ville et la Compagnie, *quitus* définitif.

c) Abandon par la Ville de l'actif partageable avec la Compagnie de la Guillotière.

d) Abandon par la Compagnie des terrains de l'usine de la Guillotière nécessaires à la voie publique.

e) Transfert sur un autre emplacement de l'usine de la Guillotière.

C'est à vous, Messieurs, représentants directs de la population et des contribuables intéressés, qu'il appartient de statuer sur les deux solutions qui vous sont soumises. L'Administration n'a poursuivi qu'un but dans cette étude : vous fournir tous les documents qui peuvent vous permettre de prononcer votre jugement en parfaite connaissance de cause.

Ce rapport est divisé en cinq parties :

1° Examen des propositions de la Compagnie du gaz;

2° Prix de revient du gaz;

3° Régie municipale. — Devis et fonctionnement;

4° Étude comparative des deux solutions;

5° Éclairage électrique.

CHAPITRE Ier

EXAMEN ET DISCUSSION DES ARTICLES DU TRAITÉ PROPOSÉ ENTRE LA VILLE DE LYON ET LA COMPAGNIE DU GAZ.

§ I. — GAZ.

« Art. 1er. — Du consentement de la Compagnie du gaz de Lyon, le privilège de la dite Compagnie est aboli.

« En conséquence, sur tout le territoire de la ville de Lyon exploité par les anciennes Compagnies de Perrache et de la Guillotière, la liberté absolue est proclamée pour la production et la vente du gaz destiné à l'éclairage, au chauffage et à tous usages industriels, et pour la distribution et la vente de la lumière électrique et de tous autres modes d'éclairage ».

Cet article, net et précis, proclame la *liberté absolue* de l'éclairage. En vertu des traités de 1853 et de 1855, le privilège de la Compagnie ne prend fin qu'au 1er janvier 1904; c'est donc une renonciation à sept années de privilège et, comme conséquence, l'abaissement immédiat de 0 fr. 085 par mètre cube de gaz et de 0 fr. 04 sur l'hectowatt-heure de lumière électrique.

« Art. 2. — La ville de Lyon concède à la Compagnie du gaz, pour une durée de quarante années, l'autorisation d'utiliser les voies publiques dépendant de son domaine pour placer les canalisations de gaz destinées à l'éclairage, au chauffage et tous usages industriels, etc...

« Elle s'engage, par suite, à lui accorder et maintenir, pendant toute la durée des présentes, toutes autorisations de voirie nécessaires sur son domaine communal.

« De même en ce qui concerne les voies, dites de grande voirie, comprises dans les parcours qu'exploitera la Compagnie du gaz, la ville de Lyon s'engage à faire diligence auprès des pouvoirs publics pour lui obtenir les autorisations nécessaires à son exploitation.

« Il est expressément stipulé que cette concession n'est pas exclusive, ne confère ni privilège, ni monopole, et qu'à toute époque la Ville aura le droit absolu de concéder toutes autorisations pour la fabrication et la vente du gaz pour l'éclairage et tous autres usages industriels à des particuliers ou à des Compagnies autres que la Compagnie du gaz. »

« Art. 3. — Il est expressément rappelé que la Ville a le droit absolu d'autoriser toutes personnes et compagnies autres que la Compagnie du gaz à établir, sur le territoire de la

Commune, les canalisations nécessaires à l'exploitation de l'industrie gazière.

« Les obligations imposées seront les mêmes pour la Compagnie du gaz de Lyon et tous autres concessionnaires en ce qui concerne *la redevance, les règlements de police et de voirie; les conditions spéciales à remplir pour assurer la bonne qualité du gaz, un bon service et la sécurité du public; la durée de la concession, l'extension de la canalisation,* etc., et qui sont contenues dans le cahier des charges généralès. Il est fait une *exception spéciale pour l'étendue du périmètre concédé.*

« A cet effet, le périmètre de la ville de de Lyon est divisé en cinq secteurs indiqués dans le plan annexé.

« La Compagnie du gaz de Lyon s'engage à desservir les quatre secteurs exploités par elle, et ce, sur toute l'étendue de sa canalisation actuelle et de celle qui sera établie conformément aux clauses du cahier des charges.

« Les *nouveaux concessionnaires* pourront limiter leur demande à un *seul secteur* ou à plusieurs et à tous les secteurs, mais ils devront desservir dans le ou les secteurs tout le parcours déjà effectué par la Compagnie du gaz de Lyon ».

Ces deux articles comprennent les stipulations suivantes :

a) Concession à la Compagnie du gaz de l'autorisation d'utiliser les voies publiques pour placer les canalisations nécessaires à son exploitation;

b) Durée de cette concession fixée à quarante années;

c) Division du périmètre de la Commune en cinq secteurs;

d) Concession sans monopole. — Les autorisations délivrées aux Compagnies concurrentes devront comprendre au *minimum* un des secteurs;

e) La Compagnie s'engage à desservir tous les secteurs.

A. — *Autorisation de poser les canalisations.*

L'autorisation de placer ses canalisations pour le service de l'exploitation est la base même de la convention, aussi bien pour la Compagnie actuelle que pour toute autre. Il est fait distinction du territoire communal que la Ville a le droit de concéder et de celui de la grande Voirie, propriété de l'Etat, qui seul a qualité pour accorder l'autorisation.

B. — *Durée de la concession. — Division de la Ville en cinq secteurs.*

L'autorisation d'emprunter pendant 40 années le sol des voies publiques pour les canalisations n'a rien d'excessif; cette durée n'est, en réalité, que de trente-trois ans, le privilège de la Compagnie ayant encore sept ans à courir. Cette période de quarante ans est indiquée pour que l'amortissement du capital et du matériel puisse s'opérer; dans les traités les plus récents passés avec des Compagnies gazières, cette durée est souvent même dépassée. Le principe de la libre concurrence admis, il fallait prévoir comment il pourrait être mis en pratique, car l'industrie du gaz exige des capitaux considérables et la création de sociétés puissantes. On ne pourrait, d'autre part, laisser le champ complètement libre aux nouveaux exploitants; ils limiteraient dans ce cas leur industrie à un ou deux quartiers, se placeraient ainsi dans des situations exceptionnelles, et tous les quartiers excentriques ou peu populeux ne seraient pas desservis.

Pour éviter ces inconvénients et placer tous les abonnés dans des conditions aussi équivalentes que possible, le territoire de la Ville a été divisé en cinq secteurs :

1er secteur : *a)* Du pont de la Mulatière à la place des Cordeliers et la rue Grenette; *b)* La rive droite de la Saône, à l'exception du territoire de l'ancienne commune de Vaise.

2e secteur : De la place des Cordeliers et la rue Grenette à l'extrémité de la Croix-Rousse.

3e secteur : Rive gauche du Rhône, toute la partie comprise au sud des rues de la Part-Dieu, Garibaldi, Paul-Bert, boulevard de la Part-Dieu et cours Gambetta prolongé.

4e secteur : Rive gauche du Rhône, toute la partie comprise au nord des rues de la Part-Dieu, Garibaldi, Paul-Bert, boulevard de la Part-Dieu, et cours Gambetta prolongé.

5ᵉ secteur : Vaise. — L'ancienne commune de Vaise était éclairée par une Compagnie particulière qui continue encore de fonctionner; son périmètre est complètement indépendant de celui de la grande Compagnie.

Les demandes en concession pouvant être faites pour un seul secteur, la concurrence serait ainsi sollicitée ; l'exploitation n'exigera pas des capitaux trop importants, et opérera cependant sur un périmètre suffisant pour être rémunérateur.

Cette division en secteurs n'est applicable qu'à l'éclairage au gaz; elle ne comprend ni l'éclairage électrique ni tout autre système qui pourrait être mis en pratique. La concurrence pour les nouveaux systèmes d'éclairage ne trouvera donc pas d'entraves pour s'établir.

« Art. 4. — La ville de Lyon concède à la Compagnie du gaz, pour une même durée de quarante années, la jouissance exclusive de toute la canalisation et de tous les branchements extérieurs qui devaient devenir, en 1904, la propriété de la Ville, et qui deviennent, dès aujourd'hui, sa propriété. En échange, la Compagnie du gaz payera annuellement à la Ville, à titre de location, une somme de 200,000 fr. pendant toute la durée de son exploitation; cette somme sera payée en deux termes égaux, les 15 janvier et 15 juillet de chaque année. »

À l'expiration des traités actuels, c'est-à-dire en 1904, la Ville devient propriétaire de toutes les canalisations établies par la Compagnie du gaz.

Cette canalisation s'étend sur une longueur de 400 kilomètres environ. Le coût du mètre courant est en raison de la dimension des conduites (1 fr. par centimètre de diamètre).

Le diamètre des conduites mesure de 0 m. 10 à 1 mètre pour la conduite maitresse. La valeur marchande à l'heure actuelle de cette canalisation est difficile à apprécier; le service de la Voirie l'estime à 4 millions et demi.

C'est la jouissance de cette canalisation que la Ville concède à la Compagnie pendant toute la durée de l'exploitation de son contrat, — nous disons *exploitation* et non *durée du contrat*, — car si la Compagnie, par suite de la clause de résiliation ou pour tout autre motif, venait à suspendre son exploitation, il est nécessaire que la jouissance de la canalisation finisse en même temps, sous peine d'apporter les plus sérieuses entraves à la continuité du service. Le prix de cette location est fixé à 200,000 fr. par an, ce qui équivaut à un rendement à 4 % d'un capital de 5 millions ou un rendement à 5 % d'un capital de 4 millions.

La canalisation a coûté certainement un prix plus élevé; mais il faut tenir compte de l'usure et de la détérioration, de l'obligation de remplacer beaucoup plus fréquemment les pièces anciennes que celles nouvellement posées, des fuites plus faciles dans les vieilles conduites.

Nous croyons que le prix demandé est équitable et qu'il est conforme aux intérêts des deux parties.

Cette location de la canalisation est-elle, comme on l'a dit. la consécration d'un monopole, l'obstacle absolu à toute concurrence ?

Tout d'abord, si l'argument était fondé, comme la canalisation existe, et qu'on est bien obligé de s'en servir, on devrait pour l'utiliser la louer à une autre Compagnie, et si la location à la Compagnie du gaz constituait pour elle un monopole, on en créerait simplement un autre au profit du nouveau locataire. Cette conséquence va bien à l'encontre des intentions de ceux qui repoussent la location. Les partisans de ce mode de faire sont donc amenés à l'exploitation directe par la Ville ; on entre alors dans un ordre d'idées absolument différent, et ce système sera complètement discuté au chapitre de où il sera question la régie municipale.

On a proposé, comme moyen terme, d'essayer de mettre la canalisation en adjudication, mais au fond, cette solution bâtarde ne résout rien. La canalisation ne servirait de rien à un adjudicataire qui ne posséderait pas les usines à gaz ; il conviendrait alors de mettre en adjudication usines et canalisation, ce qui équivaudrait encore à un nouveau monopole. Pour mettre la canalisation en adjudication, il est nécessaire que la Ville construise d'abord les usines et cherche ensuite un fermier. Nous revenons toujours à l'exploitation directe ou indirecte par la Commune. Ainsi que nous l'avons dit, ce système rentre donc dans la seconde solution.

Rappelons aussi que la Ville a été divisée en cinq secteurs et que les frais d'une nouvelle canalisation ne sont pas assez élevés pour arrêter la fondation d'une société sérieuse qui aurait 40 années pour amortir son capital de premier établissement et qui retrouverait une grande partie de la dépense en diminuant de beaucoup les pertes qui se font dans les vieilles conduites de gaz.

« Art. 5. — Le gaz vendu par la Compagnie pour l'éclairage et le chauffage des particuliers ne pourra être facturé à des prix supérieurs aux prix fixés ci-après, savoir :

« 0 fr. 20 c. par mètre cube pour la première période de 8 années.

« 0 fr. 19 c. par mètre cube pour la deuxième période des 8 années suivantes.

« 0 fr. 18 c. par mètre cube pour la troisième période des 8 années suivantes.

« 0 fr. 17 c. par mètre cube pour la quatrième période des 8 années suivantes.

« 0 fr. 16 c. par mètre cube pour la cinquième et dernière période des 8 dernières années.

« Le gaz employé aux usages industriels autres que l'éclairage ou autres que le chauffage domestique ne pourra être vendu à un prix supérieur à 0 fr. 16 c. le mètre cube.

« La Compagnie du gaz sera toujours libre de consentir des réductions sur les prix indiqués. La Compagnie se réserve le droit de dénoncer le présent traité avant l'entrée en vigueur de l'une ou de l'autre des deux périodes de 0 fr. 17 c. ou de 0 fr. 16 c. dans le cas où, par suite des circonstances économiques, elle jugerait l'exploitation trop onéreuse.

« Au cas où la Compagnie voudrait user de cette faculté, elle devra en avertir la Ville trois ans avant le commencement de chaque période, c'est-à-dire avant la vingt et unième année ou avant la vingt-neuvième année du présent contrat. »

Tarifs applicables à l'éclairage et au chauffage domestique par le gaz. — Gaz industriel.

Ainsi qu'il résulte du texte de cet article, le prix maximum du gaz vendu aux particuliers ne pourra, pendant les huit premières années d'exploitation, dépasser 0 fr. 20 c. par mètre cube, et subira des réductions successives de 0 fr. 01 c. par période de huit années, de façon à descendre à 19, 18, 17 et 16 centimes le mètre cube.

Ce prix de 0 fr. 20 c., et qui va en s'abaissant jusqu'à 0 fr. 16 c., est le plus bas qui soit appliqué en France et en Suisse. Seules, les villes anglaises et belges ont le privilège de tarifs inférieurs.

Il en est de même pour le gaz industriel, dont le prix maximum est fixé à 0 fr. 16 c. le mètre cube.

Quel sera pour l'abonné le bénéfice de cet abaissement de prix qui commence par 0 fr. 085 et finit par 0 fr. 125 le mètre cube ?

Le consommateur de gaz qui paie, au prix actuel, pour 1,000^{m3}, 285 fr., paiera :

dans la 1re période, pour 1,000^{m3}. Fr. 200
—   2e —   —   190
—   3e —   —   180
—   4e —   —   170
—   5e —   —   160

Si la Compagnie conservait son privilège jusqu'en 1904 avec le tarif actuel de 0 fr. 285, le public aurait à payer en plus, par suite de la différence de prix, 20,000,000^{m3} × 7 × 0 fr. 085 m., soit 11,900,000 fr.

Mais à partir de 1901, le prix serait-il abaissé pour le consommateur et celui-ci retrouverait-il, et au delà, le bénéfice qu'il aurait perdu ?

Plaçons-nous dans l'hypothèse la plus favorable : que l'exploitation du gaz soit faite par une Compagnie ou par la Ville. il est difficile de supposer que le prix du gaz puisse être inférieur à 0 fr. 16 c. le mètre cube, étant donné qu'il doit supporter une charge de 10 % pour redevance destinée à payer l'éclairage public.

La consommation du gaz pour l'éclairage et le chauffage domestique étant de 20 millions de mètres cubes (il n'y a pas lieu de tenir compte du gaz industriel qui est fixé à 0 fr. 16 c.), le consommateur paiera en plus :

Années		Fr.	
	1905	Fr.	800.000
—	1905-1912		4.800.000
—	1913-1920		3.200.000
—	1921-1928		1.600.000
—	1929-1937		0.000.000
			10.400.000

L'abaissement ayant été de .... Fr. 11.900.000
L'élévation de 10.400.000
Le bénéfice pour le consommateur est de .... Fr. 1.500.000
en principal sans chiffrer les intérêts.

Le tableau donne l'état comparatif dans les deux hypothèses.

TABLEAU COMPARATIF

indiquant les sommes totales à payer par le public : 1° dans le projet de traité ; 2° dans une exploitation directe par la Ville ou par une Compagnie nouvelle vendant le gaz au prix unique de 0 fr. 16 c.

ANNÉES	TARIF ACTUEL par MÈTRE CUBE	TARIF maximum PROPOSÉ	TARIF dans exploitation directe ou autre	QUANTITÉS VENDUES (Non compris le gaz industriel)	DIFFÉRENCES PAR ANNÉE		DIFFÉRENCE TOTALE	
					En plus	En moins	En plus	En moins
				Mètres cubes				
1897 à 1904	0.285	0.20	»	20.000.000	»	1.700.000	+ 7 années	11.900.000
1904	Privilège expiré.	0.20	0.16	20.000.000	800.000	+ 1 année	800.000	»
1905-1912	Id.	0.19	0.16	20.000.000	600.000	+ 8 Id.	4.800.000	»
1913-1920	id.	0.18	0.16	20.000.000	400.000	+ 8 id.	3.200.000	»
1921-1928	id.	0.17	0.16	20.000.000	200.000	+ 8 id.	1.600.000	»
1929-1937	id.	0.16	0.16	20.000.000	»	»	»	»
						TOTAUX.......... Fr.	10.400.000	11.000.000

Bénéfice pour le consommateur dans le projet de traité........... Fr. 1.500.000

Outre les intérêts jusqu'en 1937 des sommes non payées de 1897 à 1904.

On voit donc, en dehors de toute autre considération :

Que le public aura à débourser une somme moindre dans l'ensemble de ces quarante années ; qu'il aura de plus l'avantage de gagner une grosse différence à son profit dans le cours des sept premières années, différence qui, avec les intérêts, représente plus de 5 millions.

Nous n'avons pas parlé de l'abaissement du prix du gaz industriel, tarifé immédiatement à 0 fr. 16 c. C'est un avantage sérieux pour les petits industriels.

Le dernier paragraphe de cet article réserve pour la Compagnie le droit de résilier son contrat à la vingt-quatrième année et à la trente-deuxième, en prévenant la Ville trois ans à l'avance. Nous ne voyons pas d'inconvénient à lui accorder cette faculté.

« Art. 6. — La Ville n'aura plus droit à aucun bec gratuit ; elle paiera mensuellement à la Compagnie du gaz, pendant toute la durée du présent traité, le gaz consommé par les services publics et les bâtiments communaux à raison de dix centimes le mètre cube.

« En compensation, à forfait, la Compagnie du gaz devra verser annuellement à la ville de Lyon, dix pour cent prélevés sur le montant brut des sommes perçues par elle pour prix de vente du gaz aux particuliers, c'est-à-dire à tous les consommateurs autres que la Ville, sur tout le territoire de la commune de Lyon exploité par les anciennes Compagnies de Perrache et de la Guillotière.

« Pour permettre le calcul de cette redevance, la Compagnie du gaz devra, chaque année, dans la première quinzaine de février, transmettre à la Mairie un état certifié conforme des recettes provenant de ses ventes aux particuliers pendant l'année précédente et la somme revenant à la Ville devra lui être versée par la Compagnie avant le 15 mars suivant ».

Prix du gaz vendu à la Ville et du service de l'éclairage des voies publiques. — Redevance de la Compagnie.

Le maximum du prix du gaz payé par la Ville est fixé à 0 fr. 10 c. le mètre cube pour tout l'éclairage communal (voies publiques et bâtiments communaux).

Le tarif actuel est de 0 fr. 13 c. pour les bâtiments communaux et pour la voie publique.

Redevance à payer par la Compagnie du gaz.

Aujourd'hui, la Compagnie du gaz fournit gratuitement à la Ville une partie de son éclairage. Ces quantités s'élèvent, pour l'ancienne Compagnie de Perrache, à 2,915 lanternes, et pour celle de la Guillotière il y a discussion. La Ville prétendait avoir droit à 3,996 lanternes gratuites ; d'après la Compagnie, qui s'appuie sur un récent arrêté du Conseil de Préfecture, la Ville n'aurait droit qu'à 2,180 lanternes.

De plus, la Compagnie de la Guillotière seule réservait à la Ville une part dans ses bénéfices.

Cette quotité, depuis quelques années, avait atteint un chiffre élevé : 120, 130, 140 et enfin 180,000 fr. par an.

Tant que la Compagnie conservait son monopole, tant que la Ville était obligée de s'adresser à elle pour son éclairage, tant qu'il n'existait pas d'autre système d'éclairage, la Ville pouvait demander la gratuité de tout ou partie des fournitures faites par la Compagnie. Mais, aujourd'hui, une semblable pratique est impossible à suivre ; d'abord, il n'est pas certain que la Compagnie du gaz ne trouve pas de concurrents, et que ces concurrents voulant, eux aussi, payer leur redevance en éclairage gratuit, la Ville ne se trouve fort embarrassée de ce supplément. Ensuite, la Ville, préférant la lumière électrique ou toute autre, peut ne pas vouloir utiliser tout cet éclairage au gaz, et, dans ce cas encore, ne pouvoir profiter des inventions et nouvelles découvertes.

Nous avons donc de sérieuses raisons de rester libres de tout engagement et de demander à la Compagnie sa redevance en espèces plutôt qu'en nature. Quel est le montant de cette redevance ?

Si nous prenons : 1° le nombre de becs gratuits fournis par la Compagnie ; 2° la part de bénéfices encaissés par la Ville, nous arrivons au résultat suivant :

La Compagnie, d'après les chiffres acceptés par elle, fournit actuellement à la Ville :

1° 2,915 lanternes à Perrache, d'une valeur, à raison de 0 fr. 13 c. le mètre cube, de............... Fr. 210,550 45

2° 2,180 lanternes à la Guillotière, d'une valeur, à raison de 0 fr. 13 c. le mètre cube, de.................. 151,845 40

3° Elle a versé en 1895 à la Ville, pour sa part de bénéfices.................... 180,988 85

La Ville a donc profité en 1895, en nature ou en espèces, de............... Fr. 546,384 70

Or, la redevance de 10 % sur les recettes brutes opérées par la Compagnie sur les particuliers représenterait, pour l'année 1895, et en calculant le prix du gaz abaissé à 0 fr. 20 c.... 380,069 40

Et à cette somme, il y a lieu d'ajouter le montant annuel de la location de la canalisation, soit........ 200,000 »

La Ville encaisserait ainsi............... Fr. 580,069 40 outre 10 % sur les recettes supplémentaires, qui augmenteront avec l'abaissement du prix du gaz.

« Art. 7. — La Compagnie s'engage à fournir à la Ville, sur sa demande, la quantité de gaz que celle-ci jugera nécessaire pour les services publics.

« La Ville se réserve expressément le droit de s'adresser, pour tout ou partie de son éclairage public, à tout autre fournisseur de gaz, de lumière électrique ou de tout autre mode d'éclairage. »

La quantité de gaz consommé n'est pas prévue, la Ville restant maitresse de fixer ces quantités, d'augmenter son éclairage au gaz, de le remplacer en tout ou en partie par l'éclairage électrique ou tout autre système d'éclairage.

Cette situation sauvegarde d'une façon absolue les intérêts de la Commune.

« Art. 8. — Le matériel servant actuellement à l'éclairage public, qui est la propriété de la Ville (lanternes, candélabres, consoles, etc.), sera mis gratuitement à la disposition de la Compagnie du gaz, si elle est chargée et tant qu'elle sera chargée du dit éclairage public.

« La Compagnie du gaz reste chargée pendant le même temps, moyennant 15 fr. par an et par lanterne ordinaire carrée au bec type (brûlant 140 litres à l'heure), de l'entretien, l'allumage et l'extinction des becs servant à l'éclairage public ordinaire.

« Mais, en ce qui concerne la fourniture et l'entretien des becs spéciaux (becs-phares, Schülcke, Auer et autres), la Ville se réserve de traiter soit avec la Compagnie du gaz de Lyon, soit avec tous autres industriels. »

La Compagnie du gaz sera chargée de l'éclairage public aussi longtemps que la Ville mettra à la disposition de la Compagnie tout le matériel servant à cet éclairage, et qui est sa propriété, mais avec cette réserve expresse que la jouissance de ce matériel ne sera donnée qu'autant que la Compagnie sera chargée de l'éclairage public et pendant le temps seul qu'elle en sera chargée. Cette clause laisse donc la Ville complètement libre de s'adresser en tout temps à d'autres Compagnies et à tous autres systèmes d'éclairage, ainsi qu'il est dit dans un autre article.

Pour les lanternes placées sur la voie publique, il sera payé en plus, pour l'allumage et l'extinction, pour l'entretien, soins de propreté, remplacement des vitres, des pièces détériorées, etc., quinze francs par lanterne ordinaire ; pour les lanternes spéciales, lanternes Schülcke, becs Auer, etc., leur entretien sera l'objet d'une convention particulière que la Ville est libre de passer avec la Compagnie du gaz ou toute autre Compagnie ou société.

Ces clauses correspondent aux conditions actuelles.

« Art. 9. — Le régime du droit commun sera appliqué à la Compagnie du gaz de Lyon pour tout ce qui concerne les droits d'octroi ; il est expliqué toutefois que les houilles destinées à la fabrication de son gaz ne seront soumises à aucun droit ; il en sera de même pour tous les cokes provenant de la distillation de sa houille, sauf ceux vendus dans l'intérieur de la Ville pour être employés au chauffage domestique. »

Le régime du droit commun est appliqué dans cet article à la Compagnie du gaz.

« Art. 10. — Comme conséquence de tout ce qui précède, les présentes abrogent définitivement les traités de 1853 et de 1855 ; la ville de Lyon et la Compagnie du gaz renoncent, chacune en ce qui la concerne, à toutes réclamations quelconques pour le passé ou le présent, portant sur le sens, l'interprétation ou l'exécution des anciens contrats, tous les litiges actuellement pendants ou jugés sont et demeurent définitivement éteints par désistement des deux parties, chacune supportant ses frais.

« Et, comme apuration définitive de tous comptes antérieurs, la Compagnie du gaz payera à la ville de Lyon la somme lui revenant pour sa participation aux bénéfices de la Compagnie de la Guillotière pour l'année qui précédera celle de l'approbation définitive du traité ; la Ville abandonne définitivement et immédiatement à la Compagnie du gaz : 1° la part qui devait lui revenir dans l'actif partageable à la fin de la concession de l'ancienne Compagnie de la Guillotière ; 2° sa part dans les bénéfices de la Compagnie de la Guillotière. »

Extinction des litiges.

La Ville et la Compagnie se désistent mutuellement de tout litige, abandonnent toutes réclamations, renoncent à tous bénéfices de choses jugées ou non. Il sera passé *quitus* pour tous droits.

La Ville touchera pour la dernière fois

sa part annuelle de bénéfices dans l'exploitation de l'usine de la Guillotière pour l'année qui précédera celle de l'approbation du traité nouveau, et elle abandonnera à la Compagnie sa part dans l'actif partageable à la fin de la concession.

Abandon par la Ville des valeurs partageables et de la participation aux bénéfices de l'usine de la Guillotière.

La Ville est dans une situation particulière vis-à-vis de la Compagnie de la Guillotière; elle est son associée, elle a droit à une part dans les bénéfices, et se trouve propriétaire d'une partie de l'actif social.

La composition de l'actif social et la quotité de la part revenant à la Ville et aux actionnaires ont été réglés par un arrêté du Conseil de Préfecture en date de 1878.

Aux termes de cet arrêté, la Ville serait propriétaire au 31 décembre 1895 :

1° D'une partie des constructions, colonnes montantes, etc., constituant l'usine, évaluée à 1,272,806 fr. 20 c.;

2° De la moitié des terrains et immeubles partageables, évaluée à 182,661 fr. 15 c.

3° De la moitié des valeurs partageables, s'élevant au début de 1896 à 1,333,826 fr. 50 c.

Le partage de ces valeurs ne doit avoir lieu qu'en 1904. A l'expiration de la concession et au moment de la liquidation, que seront devenues ces valeurs?

Les constructions, fours, gazomètres, etc., si l'usine est démolie, n'ont plus aucune valeur, car elles ne peuvent être utilisées. C'est donc une suppression pure et simple de l'actif.

Les terrains, qui occupent une surface de 15,000 mètres environ, appartiennent en propre, pour les deux tiers à la Compagnie, et il n'y en a qu'une partie qui entre dans les valeurs partageables.

L'abandon par la Compagnie des terrains nécessaires à la voie publique balance à peu près la situation sur cet article.

Quant à la somme de 1,300,000 fr. en valeurs, représentant l'actif partageable, la Ville abandonne la part qui lui revient comme compensation du déplacement de l'usine, de l'abaissement des tarifs, et de l'abandon de tous procès.

« Art. 11. — La Compagnie du gaz prend l'engagement de transférer sur un autre emplacement et dans un délai de cinq années au maximum, l'usine à gaz de la Guillotière et la Compagnie abandonnera alors à la Ville tous les terrains nécessaires à l'élargissement et à l'ouverture des voies publiques sur l'emplacement de l'usine actuelle de la Guillotière, et qui sont teintés en rose sur le plan annexé. »

Le déplacement de l'usine de la Guillotière est demandé par tous les habitants du quartier, et surtout par les propriétaires voisins qui en attendent une hausse notable sur la valeur des immeubles et des terrains. L'usine devra donc être transférée sur un autre point plus éloigné du centre. La Ville s'est réservé l'abandon des terrains nécessaires à l'élargissement et à l'ouverture des voies publiques. La superficie abandonnée est de 3,186 mètres carrés. Le transfert de l'usine de la Guillotière obligera en outre la Compagnie à refaire une partie de sa canalisation principale, laquelle devra avoir son point de départ dans la nouvelle usine. Par suite, la Ville bénéficiera de la réfection complète de cette canalisation.

La nouvelle usine devra fonctionner dans un délai de cinq années.

« Art. 12. — A la fin de la présente concession, les canalisations de gaz, les branchements et les appareils servant à l'éclairage public resteront la propriété de la Ville et devront être remis par la Compagnie en bon état de conservation.

« De plus, la Compagnie, à la fin de la concession, abandonnera gratuitement à la Ville la propriété de tous les branchements sur rue servant à l'éclairage particulier appartenant à la Compagnie, en l'état où ils seront. »

La Compagnie abandonne à la Ville, en fin de concession, toutes les canalisations et branchements qu'elle aura établis pour le service de l'éclairage public, mais ce qui distingue cet article, c'est l'abandon par la Compagnie de tous les branchements sur rue appartenant à la Compagnie et destinés à l'éclairage particulier.

Il est indispensable, en effet, que tous ces branchements suivent le sort de la canalisation ordinaire; on serait sans cela exposé à l'inconvénient de la situation actuelle, où la canalisation devient propriété de la Ville et où les branchements sur rue resteraient propriété de la Compagnie.

Cette clause a donc une réelle importance.

§ II. — ÉCLAIRAGE ÉLECTRIQUE.

Dans la deuxième partie de la convention sont exposées les conditions qui règleront la distribution de l'éclairage électrique.

L'exposé contient cinq articles seulement.

Art. 13. — La Compagnie du gaz déclare formellement renoncer à son monopole de production et de vente de la lumière électrique; en conséquence, la liberté absolue de l'éclairage par l'électricité sera établie sur tout le territoire de la ville de Lyon exploité par les anciennes Compagnies de gaz de Perrache et de la Guillotière.

Art. 14. — En échange de cet abandon, la ville de Lyon autorise la Compagnie du gaz à créer les usines nécessaires pour l'extension de son exploitation électrique. La Ville s'engage à accorder et maintenir à ladite Compagnie, pendant toute la durée des présentes, soit pendant quarante années, toutes autorisations nécessaires pour établir soit au-dessus, soit au-dessous des voies publiques, dites de petite voirie, les câbles, canalisations, conducteurs et appareils quelconques destinés à la distribution de l'électricité dans la ville de Lyon pour l'éclairage et pour tous autres usages.

De même, en ce qui concerne les voies dites de grande voirie, comprises dans les parcours qu'exploitera la Compagnie du gaz, la ville de Lyon s'engage à faire diligences auprès des pouvoirs publics pour lui obtenir les autorisations nécessaires à son exploitation.

Il est entendu que la canalisation souterraine sera employée en règle générale, et que la Ville sera seule juge des cas dans lesquels les conducteurs pourront être aériens.

Art. 15. — Il est expressément stipulé que cette concession n'est pas exclusive, qu'elle ne confère à la Compagnie du gaz ni privilège ni monopole, et qu'à toute époque la Ville aura le droit absolu d'accorder ou reconnaître à tout autre demandeur les autorisations de voirie analogues; mais tous les exploitants seront soumis aux mêmes charges et redevances et astreints aux mêmes obligations que la Compagnie du gaz.

La Ville dressera un cahier des charges-type que tout exploitant de lumière électrique devra accepter.

Ce cahier des charges fixera les prix maxima de vente de l'électricité (0 fr. 10 c l'hectowatt-heure pour les particuliers, et 0 fr. 09 c l'hectowatt-heure pour la Ville), la redevance à payer à la Ville (6 % sur le montant brut des sommes perçues pour prix de vente d'électricité aux particuliers), les conditions d'installation et d'exploitation des usines, des conducteurs souterrains ou aériens, des appareils à placer sur ou sous la voie publique et chez les particuliers.

Il réglera, en un mot, les conditions et les charges de toutes exploitations électriques.

Ce cahier des charges, accepté par la Compagnie du gaz, sera annexé au présent traité et sera en vigueur pour toute la durée de la présente convention. Néanmoins, au cas où la Ville voudrait accorder à d'autres permissionnaires ou concessionnaires des conditions d'exploitation plus favorables, la Compagnie du gaz serait de plein droit admise à en bénéficier. Elle aura, en un mot, une situation identique, au point de vue des charges, à celle de l'exploitant le plus favorisé.

Art. 16. — La Compagnie du gaz s'oblige, tant qu'elle produira la lumière électrique, et dans toutes les voies canalisées et exploitées par elle, à fournir à réquisition à la Ville l'éclairage électrique dont la Ville pourrait avoir besoin pour l'éclairage soit des voies publiques, soit des bâtiments communaux, situés sur le parcours des canalisations de la Compagnie ; mais la Ville conserve le droit à toute époque de s'adresser à un autre fournisseur en prévenant la Compagnie un an d'avance.

Il est expliqué que les houilles et le coke destinés à la production de l'électricité ne seront soumis à aucun droit d'octroi.

Art. 17. — La Ville et la Compagnie renoncent, chacune en ce qui la concerne, à toutes réclamations quelconques pour le passé. Le contrat de 1887, qui oblige la Compagnie à livrer à la Ville l'électricité à un prix déterminé pour les théâtres municipaux et l'Hôtel de Ville, est abrogé. Tous les litiges actuellement pendants sont et demeurent éteints par désistement des deux parties, chacune supportant ses frais.

La Ville reconnaît, en tant que de besoin, que tous les câbles ou canalisations posés ou à poser, sont et resteront la propriété de la Compagnie à la fin du présent traité.

Les principales dispositions contenues dans ces articles sont les suivantes :

1° *Liberté de l'éclairage électrique.* — La Compagnie du gaz renonce formellement au privilège de la lumière électrique et reconnaît à la Ville le droit d'autoriser toutes personnes à faire cet éclairage.

2° *Autorisation pour la Compagnie.* — La Compagnie du gaz demande à être, elle aussi, autorisée à exploiter l'électricité pour l'éclairage ou tous autres usages.

3° *Egalité des charges pour toutes les Compagnies.* — Tous les concessionnaires seront soumis aux mêmes conditions d'exploitation insérées dans un cahier des charges type. La redevance à payer sera de 6 0/0 sur la recette totale des ventes de l'électricité aux particuliers.

Les *tarifs maxima* imposés aux concessionnaires, et qu'ils seront toujours libres de réduire, sont taxés à 0 fr. 10 c. l'hectowatt heure pour les particuliers et 0 fr. 09 c. pour les services publics et les bâtiments communaux.

La Compagnie est tenue de fournir à la Ville la quantité d'électricité qui lui sera demandée sur le parcours de ses câbles ; mais la Ville conserve à toute époque la faculté absolue de s'adresser à d'autres compagnies ou à des particuliers pour la fourniture de l'électricité. La convention de 1887 pour l'éclairage des théâtres est abrogée.

Il est dit également que les câbles resteront la propriété de la Compagnie.

Cette disposition est motivée par un article du cahier des charges de la *Société des Forces motrices du Rhône.* L'Etat a donné à cette Société une concession de 99 ans et s'est réservé pour lui la propriété du matériel. Pour placer les sociétés dans des conditions équivalentes, il eût fallu leur accorder aussi une concession de 99 ans. La Ville a préféré limiter la durée de la concession. A son expiration et lors de son renouvellement, on pourra s'occuper utilement des câbles.

Sous l'empire des traités de 1853 et de 1855, la Compagnie du gaz de Lyon n'a pas seulement le monopole du gaz, mais celui de tout autre mode de lumière qui emprunterait la voie publique pour sa distribution.

La Compagnie a la faculté de produire et de vendre la lumière électrique ou toute autre, mais sous condition que le prix ne dépassera pas celui du gaz, et que les conditions de l'exploitation seront également les mêmes que celles du gaz. Or, il est impossible à la Compagnie de satisfaire à ces conditions, car si elle pouvait, à la rigueur, arriver à l'égalité du prix, elle ne pouvait, en raison du court temps du traité, amortir le matériel de câbles, etc. Mais si la Compagnie ne peut ou ne veut donner l'éclairage électrique, elle prétend avoir le droit d'empêcher tout autre concurrent, et c'est l'interdit jeté sur un système d'éclairage qui est entré définitivement dans les mœurs modernes.

Les réclamations sur ce point sont très vives, et il n'est que juste de leur donner, si possible, satisfaction.

Art. 18. — La présente convention ne sera définitive pour les deux parties qu'après approbation par l'Administration supérieure et par l'Assemblée générale des actionnaires de la Compagnie du gaz. Elle entrera en vigueur au plus tard trois mois après l'approbation par l'Administration supérieure.

Les droits pour l'enregistrement du présent traité, ainsi que les frais d'impression du dit traité à 300 exemplaires, sont à la charge de la Compagnie.

Il était impossible de fixer d'avance une date précise pour l'entrée en vigueur du traité, sans connaître la date de l'approbation. Il a été convenu que le traité entrerait en vigueur le premier jour d'un mois, et autant que possible, au commencement d'un trimestre.

CHAPITRE II.

PRIX DE REVIENT DU GAZ.

Pour apprécier exactement les propositions de la Compagnie du gaz et comparer la situation qui en résulterait pour les contribuables et la Commune avec celle qui serait la conséquence d'un autre mode d'exploitation (adjudication ou régie municipale), il est nécessaire de prendre le *prix de revient du gaz* pour base de discussion.

Le prix de revient du gaz est :

A Paris de	0ᶠ 1720
A Valence de	0 1402
A Grenoble de	0 1338
A Bruxelles	
A Londres	de ... 0ᶠ 10 à 0ᶠ 09
A Birmingham	
A Manchester	

Quelle est la cause d'écarts aussi considérables? Divers facteurs y concourent; ce sont :

1° *Les frais de fabrication du gaz,* qui dépendent du prix et de la qualité de la houille, du salaire des ouvriers, de la revente plus ou moins fructueuse des sous-produits;

2° *Les frais d'administration,* de personnel, dépenses diverses, impôts, assurances, locations, etc.;

3° *Les frais de premier établissement* et les annuités à payer pour intérêt et amortissement de ce capital;

4° *Les frais d'amortissement* du matériel industriel;

5° *Les charges imposées,* taxes et redevances à payer à la Commune et à l'État.

Chacun de ces facteurs entrant pour une proportion plus ou moins grande dans la fixation du prix de revient, nous les étudierons dans autant de paragraphes séparés.

§ I. — PRIX DE FABRICATION DU GAZ.

M. Maréchal, ingénieur de la ville de Paris, dans un ouvrage qui fait autorité en la matière (1), a établi que, d'après les comptes fournis par la Compagnie parisienne du gaz et contrôlés pendant quatorze années par les Commissions du Conseil municipal (1880-1893), le prix de fabrication du gaz à l'usine s'élevait à 0 fr. 1154, et en déduisant la valeur des sous-produits à 0 fr. 0508.

Le tableau suivant, que nous empruntons à l'ouvrage de M. Maréchal, indique le sous-détail par articles :

Charbon distillé	Fr. 0,0713
Chauffage des fours	0,0150
Main-d'œuvre	0,0157
Entretien	0,0063
Frais accessoires	0,0055
Épuration	0,0016
Total	Fr. 0,1154

La vente des sous-produits s'élève à 0 fr. 0646, pour les matières suivantes :

Coke	Fr. 0,0529
Goudron et dérivés	0,0074
Eaux ammoniacales	0,0043
Total	Fr. 0,0646

Le prix net de fabrication est donc de 0 fr. 1154 — 0 fr. 0646 = 0 fr. 0508 (2).

D'autre part, nous relevons dans les comptes d'autres exploitations les chiffres suivants, déduction faite des sous-produits :

Valence (régie municipale)	Fr. 0,0869
Grenoble —	0,0627
Bruxelles —	0,0470

Ces différences dans le prix de fabrication proviennent des éléments suivants :

1° *Prix* et *qualité* de la houille :

---

(1) *L'éclairage à Paris,* 1894.
(2) Maréchal, *l'Éclairage à Paris,* p. 39.

a) Le *prix* de la houille varie suivant les pays, de 8 à 30 fr. la tonne ;

b) Suivant sa *qualité*, une tonne de houille produit 270 à 300 mètres cubes de gaz.

La dépense houille variera donc dans les proportions suivantes : $\frac{8}{1,000}$ à $\frac{30}{1,000}$ par kilogramme employé ;

D'autre part, la production d'un mètre cube de gaz nécessitera une quantité de 3 k. à 3 k. 5 de houille.

Le prix du charbon employé variera donc par mètre cube de gaz produit, de :
$$\frac{8 \text{ à } 30}{1,000} \times 3 \text{ à } 3,5,$$
c'est-à-dire de 0 fr. 0240 à 0 fr. 1050.

Dans notre région, la tonne de charbon coûtant 23 fr. rendue à l'usine, et le rendement étant de 280 mètres cubes environ à la tonne, le prix du charbon revient à 0 fr. 0805 environ, alors qu'à Paris il est de 0 fr. 0713 par mètre cube de gaz produit.

2° *Dépenses pour main-d'œuvre, frais d'épuration, chauffage de fours,* etc. Nous estimons, comme à Paris, à 0 fr. 441 par mètre cube de gaz produit, les dépenses de cette nature qui ne donnent lieu à aucune observation spéciale.

3° *Revente des sous-produits.* Cette revente s'élève à 0 fr. 0646 par mètre cube ; le coke entre pour la plus grosse part dans cette recette (0 fr. 0529) et les autres produits, goudron, brai, eaux ammoniacales, etc., pour 0 fr. 017 seulement.

En résumé, la dépense nette de fabrication est de 0 fr. 0508 pour Paris ; à Lyon où le charbon coûte 23 fr. la tonne et rend 280 m. cubes, ce prix doit être relevé à 0 fr. 0531.

4° *Fuites.* Nous devons encore, pour avoir le prix réel du gaz fabriqué, ajouter à ce chiffre de 0 fr. 0531 un quatrième élément, les frais résultant des *pertes dans les canalisations.*

A Lyon, il se distribue annuellement environ 27 millions de mètres cubes de gaz ; mais pour cette distribution, la fabrication a dû produire plus de 30 millions ; c'est donc une perte moyenne de 12 % du gaz distribué dont il faut tenir compte dans la dépense (à Grenoble, la perte est de 16 %). Les fuites ne peuvent être évitées, elles sont en rapport avec le bon état des conduites et avec la longueur de la canalisation. D'autre part, plus le débit est considérable, plus faibles sont les chances de fuites ; c'est ainsi qu'à Paris, la perte est notablement moindre qu'à Lyon, parce que, pour la même longueur des conduites, la vente du gaz à Paris est double de celle de Lyon.

Pour être exact, le chiffre de 0 fr. 0531 doit donc être augmenté de $\frac{12 \times 0.0531}{100}$, soit de 0 fr. 00637, et être porté à 0 fr. 0595 pour Lyon.

Rappelons qu'à Valence et à Grenoble, les prix de fabrication donnés par les municipalités sont respectivement de 0 fr. 0869 et 0 fr. 0627.

5° *Le prix de fabrication peut-il être modifié sensiblement ?* Les conditions de fabrication peuvent-elles se modifier et provoquer pour l'avenir une hausse ou une baisse dans le prix de revient ?

Remarquons que le total des dépenses de fabrication du gaz à Paris n'a pas été sensiblement modifié pendant quatorze ans, depuis l'année 1880, ainsi que l'ont constaté les diverses Commissions municipales.

Nous relevons, en effet, les chiffres suivants dans les frais de *matières premières* et de *main-d'œuvre* : (1)

1890 à 1893 ....Fr.	0 1154
1885 à 1890	0 1146
1880 à 1884	0 1233

Il en est de même de la valeur des sous-produits, dont le rendement a toutefois légèrement baissé dans ces dernières années.

Les prix actuels ont donc toutes probabilités de se maintenir et de subir même une augmentation. Le coût de la main-d'œuvre tend, en effet, toujours à augmenter ; et il en est de même de celui de la houille.

§ II. — FRAIS GÉNÉRAUX.

Sous ce titre sont compris les frais d'administration générale, les traitements du personnel en dehors des usines,

---

(1) Maréchal, *loc. cit.* p. 81.

l'entretien général et les réparations courantes, les locations, assurances, impôts, etc.

À Paris, les frais généraux, auxquels il faut ajouter les frais de distribution, s'élèvent à 7,200,000 fr. pour une dépense totale de 42,360,000 fr., soit une proportion de 17 %.

À Grenoble, les dépenses de ce chapitre sont ainsi groupées :

Administration............ Fr.	31,919	65
Main-d'œuvre de ville........	38,213	34
Entretien général et réparations.	23,750	»
Frais généraux...............	14,250	»
Total........ Fr.	108,132	99

Soit, pour une dépense totale de 507,624 fr., la proportion de 21 %.

À Lyon, la Compagnie de gaz accuse une dépense de 959,000 fr., ainsi répartie :

Frais généraux, service central, recette, tenue des livres et carnets, comptabilité, etc., 65 employés.... Fr.	375,000	»
Service de l'éclairage : inspecteurs, allumage et extinction, entretien de la canalisation, des lanternes, etc., 180 allumeurs, — 15 à 20 ouvriers pour la canalisation, — 12 vérificateurs de compteurs, — 120 plombiers, - 20 employés inspecteurs ou contremaîtres.	425,000	»
Rabais, pertes, secours, etc....	159,000	»
Total......... Fr.	959,000	»

Ce total est plus élevé qu'à Paris et à Grenoble ; nous croyons qu'on pourrait le ramener à 850,000 fr.

En divisant cette somme de 850,000 fr. par le nombre de mètres cubes distribués actuellement par la Compagnie, soit $\frac{850,000}{27,000,000}$, on obtient un chiffre de 0 fr. 0314 de frais généraux par mètre cube de gaz distribué qui viennent s'ajouter aux frais de fabrication pour constituer le prix de revient du gaz.

§ III. — ANNUITÉS POUR INTÉRÊTS ET AMORTISSEMENT DU CAPITAL DE PREMIER ÉTABLISSEMENT.

Le capital fourni, soit par des actionnaires, soit par un emprunt, aura à recevoir des annuités pour intérêts et amortissement. Cette annuité sera proportionnelle à l'importance des installations, au montant du capital, au taux de l'intérêt et à la durée de la période d'amortissement. Cette dépense est donc essentiellement variable suivant les cas particuliers.

Nous laisserons de côté, dans ce paragraphe, la dépense pour canalisation, puisqu'à Lyon la Ville deviendra propriétaire de cette partie du matériel et tiendrons compte seulement de l'usine de production qui devra être créée de toutes pièces.

Les spécialistes ont calculé que théoriquement le coût d'une usine à gaz correspond à la quantité de mètres cubes que l'usine peut produire par année et ont fixé entre 0 fr. 40 c. et 0 fr. 65 c. par mètre cube le chiffre de la dépense.

D'après le devis technique de M. l'Ingénieur en chef de la Voirie municipale de Lyon, la construction de deux usines et l'achat du matériel pour une production annuelle possible de 35,000,000 de mètres cubes coûterait 12,000,000, soit 0 fr. 33 c. par mètre cube. Ce prix est de beaucoup inférieur à ceux de Paris et de Bruxelles, comme nous l'indiquons plus loin. Remarquons que plus le matériel est perfectionné, plus les dépenses de premier établissement augmentent, mais aussi plus le compte de fabrication est réduit. Nous estimons qu'on doit augmenter le devis d'un million de plus en prévision de l'extension nécessaire de la canalisation jusqu'aux confins de la Commune, du remplacement des conduites en mauvais état et des travaux nécessaires pour joindre à la nouvelle usine la canalisation ancienne dont le point de départ sera transporté sur un autre emplacement assez éloigné. Nous baserons nos calculs sur 12,500,000, pour rester plutôt au-dessous de la réalité.

C'est ce capital de 12,500,000 qu'il faut emprunter et rémunérer ; dans les conditions actuelles du marché financier, au taux de 3 fr. 75 c. % d'intérêt, l'amortissement étant de 1 fr. 85 c. % pour trente années, c'est une annuité de 700,000 fr. qu'il faudra prévoir pour intérêt et amortissement. Si l'on répartit cette somme sur 27,000,000 de mètres cubes de gaz, on trouve que chaque mètre cube distribué coûtera 0 fr. 0259 pour intérêt et amortissement du capital de premier établissement.

§ IV. — ANNUITÉS POUR AMORTISSEMENT DU MATÉRIEL INDUSTRIEL.

Le matériel industriel, fours, cornues, machines, etc., subit des détériorations, s'use plus ou moins rapidement, doit être remplacé constamment par des organes perfectionnés, etc. D'un autre côté, chaque année, des branchements nouveaux sont à créer, ainsi que des extensions de service, etc. Enfin, la canalisation actuelle, que la Ville doit reprendre dans sept ans, devra recevoir de nombreuses réparations nécessitées par un service déjà long. Pour toutes ces raisons, il faut prévoir comme amortissement du matériel une dépense annuelle que l'on peut sans aucune exagération évaluer au minimum à 4 % du capital industriel.

Ce capital industriel devra être à Lyon de 10 millions et demi ; les terrains de l'usine entrant dans la dépense totale pour 2 millions. La somme annuelle à payer sera donc de $\frac{4 \times 10\,500.000}{100}$ soit 420,000 fr., répartie sur 27,000,000 de mètres cubes produits ; cette annuité sera de 0,0155 par mètre cube.

Les spécialistes ont fixé à 10 % de capital l'annuité théorique pour l'amortissement du capital-usines et du matériel ; nous l'avons réduite à 9,60 %.

Les comptes d'autres exploitations donnent les indications suivantes :

A Paris

Dépenses totales........Fr.	42,300,000	»
Intérêts et amortissement des emprunts.................	17,724,869	»
Amortissement des actions..	2,751,000	»

Le chiffre correspond ici au montant de la dette.

A *Grenoble*, la Ville a pris possession, en 1867, de l'usine moyennant une indemnité de 100,000 fr. seulement. Depuis cette époque, elle a dépensé environ 2 millions, pour frais de premier établissement.

Dans le compte de dépenses de l'exploitation, la municipalité de Grenoble porte comme amortissement une somme de 153,210 fr., qui est basée sur l'idée théorique d'un amortissement industriel de 10 fr. par tonne de houille distillée ; ce chiffre correspond à un amortissement de 7,5 sur le capital de 2 millions. A Lyon, où la consommation de la houille atteint 100,000 tonnes par an, on dépenserait 1 million pour amortissement.

Le montant de l'annuité prévue plus haut nous semble donc pleinement justifié par la comparaison que nous venons d'établir avec les exploitations de Paris et de Grenoble.

§ V. — REDEVANCES MUNICIPALES, TAXES, ETC.

Enfin il est une dernière charge qui est imposée le plus souvent aux Compagnies, c'est une redevance par mètre cube de gaz vendu, ou bien une gratuité de tout ou partie de l'éclairage public, ou encore une réduction de prix de vente du gaz à la Ville.

Cette redevance n'est soumise à aucune règle spéciale et varie par conséquent dans chaque exploitation.

Nous donnons à titre de renseignement les redevances que paie la Compagnie parisienne à la ville de Paris : ces redevances se sont élevées à 6,789,519 fr. 08 c. en 1893.

Nous avons vu qu'à Lyon cette redevance est compensée par la gratuité de 4,000 becs de l'éclairage public et par une réduction de 0 fr. 155 par mètre cube sur le surplus de l'éclairage de la Ville et enfin par la participation de la Ville aux bénéfices de la Compagnie de la Guillotière.

En résumé, le prix de revient du mètre cube de gaz, tel qu'il ressort de l'examen des divers éléments que nous avons étudiés, peut s'établir ainsi :

1° Frais de fabrication..........Fr.	0 0595
2° Frais généraux et d'administration	0 0314
3° Intérêt et amortissement du capital de premier établissement........	0 0259
4° Amortissement du matériel industriel.....................	0 0155
5° Charges municipales et autres...	mémoire
Total...............Fr.	0 1323

Le mètre cube de gaz doit donc avoir à Lyon un prix de revient de 0 fr. 1323, non compris les charges municipales.

§ VI. — EXAMEN COMPARATIF DES DÉPENSES A PARIS, GRENOBLE ET LYON.

Il convient maintenant de reproduire le tableau des dépenses de la ville de Paris, de comparer ensuite les résultats et les dépenses de la ville de Paris et de la Ville de Grenoble, et de rechercher enfin, en prenant pour base les dépenses de l'exploitation de Grenoble, quelle serait la situation d'une compagnie exploitant à Lyon?

1° VILLE DE PARIS

A. — *Dépenses* (Compagnie parisienne)

Volume de gaz distribué : 287,093,841^{m3}. (1893.)

	ANNÉE 1892	ANNÉE 1893
Frais de fabrication................................	36,059,767ᶠ 53	35,105,995ᶠ 46
Frais de distribution................................	3,489,746 »	3,810,454 81
Frais généraux................................	3,060,414 »	3,439,382 90
Emprunts (intérêts et amortissements)..................	16,998,422 75	17,724,869 52
Amortissement des actions.........................	2,620,000 »	2,731,000 »
Charges envers l'Etat............................	1,077,153 46	1,150,204 76
TOTAL................	63,305,504ᶠ 74	63,901,907ᶠ 43

B. — *Sous-produits et produits* (à porter en déduction).

	ANNÉE 1892	ANNÉE 1893
Coke................................	17,329,801ᶠ 86	14,376,162ᶠ 97
Goudrons................................	2,360,009 08	1,943,476 87
Eaux ammoniacales................................	1,305,351 18	1,319,781 73
Location de compteurs, branchements et robinets........	3,058,382 44	2,743,049 43
Produits divers................................	67,626 96	77,073 23
Intérêts et escompte................................	1,105,138 97	1,155,802 24
TOTAL................	25,226,510ᶠ 49	21,615,346ᶠ 47

Le total des dépenses nettes à Paris s'élève donc à 12,366,560 fr. pour l'année 1893.

2° Ville de Grenoble (régie municipale, 1895).

Volume de gaz distribué, 3,792,661 m. cubes.
Dépenses totales........Fr.   777,032 35
Déduction des sous-produits et divers 269,407 70

Dépenses nettes ....Fr.   507,624 65
Dont :
Frais de fabrication ......Fr.   246,281 66
Administration et personnel..   70,132 99
Frais généraux et entretien ordinaires...................   38,000 »
Intérêts et amortissement calculé à raison de 10 fr. par tonne de houille distillée...........   153,210 »

Fr.   507,624 65

3° Tableau comparatif des dépenses de l'exploitation gazière dans les villes de Paris et Grenoble.

Grenoble (1895) | Paris (1893)

Volume de gaz distribué

3,792,764 m. c. | 287,093,841 m. c.
   | soit en plus 75,7.

Dépenses

507,624 » | 42,366,560 »

La proportion entre les deux exploitations étant de 75,7, Grenoble au prix de Paris eût dépensé 507,624 × 75,7, soit 38,410,236 fr.
Différence au profit de Grenoble, 3,956,324 fr., soit 10 °/₀ environ.

4° La régie de Grenoble appliquée a Lyon.

Si on voulait, sur les données précédentes, calculer le coût d'une exploitation gazière qui serait établie à Lyon dans les conditions de prix payés par la régie de Grenoble, on aboutirait au résultat suivant :

Grenoble | Lyon
Volume du gaz distribué :

3,792,764 m. c. | 27,000,000 m. c.

Proportion entre les deux exploitations :

1 | 7,14

Dépenses

507,624 × 7,14 = 3,624,443 35

En acceptant comme base les dépenses de l'exploitation de Grenoble, quelle sera la situation financière d'une Compagnie vendant à Lyon le gaz à 0 fr. 16 c. le mètre cube aux particuliers et 0 fr. 10 c. à la Ville, en y comprenant une redevance de 15 fr. par lanterne? La Compagnie paierait 10 °/₀ sur les recettes et 200,000 fr. pour jouissance de la canalisation.

RECETTES

Gaz vendu aux particuliers :
22,000,000^{m3} à 0 fr. 16 c. =   3,520,000 »
A la Ville, 5,000,000^{m3} à fr. 0,10 c. = ...   500,000 »
Entretien de 8,000 lanternes à 15 fr. = ...   120,000 »

Fr...........   4,140,000 »

DÉPENSES

Frais de toute nature 3,624,443 35
Redevance de 10 °/₀ sur la recette...................   352,000 »
Jouissance de la canalisation.   200,000 »

Fr.........   4,176,644 35

En résumé, tous les modes d'évaluation concordent assez bien pour qu'on puisse fixer le prix de revient du gaz dans notre pays entre 0 fr. 09 c. et 0 fr. 10 c. sans service d'intérêts et d'amortissement, et entre 0 fr. 13 c. et 0 fr. 15 c. avec une majoration représentant les dépenses pour le service du capital, et son amortissement en quarante ans.

Si cette dernière charge était augmentée, le prix s'élèverait proportionnellement, ainsi que le démontre l'exemple de la ville de Paris.

Si, au contraire, le charbon est à bon marché, le taux de l'intérêt très bas ou nul par suite de l'amortissement, si la durée des concessions est très longue ou indéfinie comme à Londres, le prix total de revient pourrait descendre à 0 fr. 10 c. 0 fr. 09 c., et même 0 fr. 0850.

CHAPITRE III

ADJUDICATION TOTALE OU PARTIELLE DE L'ÉCLAIRAGE AU GAZ. — RÉGIE MUNICIPALE. — CONSTRUCTION D'USINES A GAZ. — DEVIS. — EXAMEN COMPARATIF DES SOLUTIONS.

Le prix de revient du gaz d'éclairage

étant connu, le complément de cette étude comprend l'évaluation des dépenses que nécessiterait la construction d'usines à gaz et l'achat du matériel. Le service de la Voirie a préparé un avant-projet avec devis estimatif qui se résume dans la conclusion suivante : Le coût de construction et l'achat du matériel de premier établissement sont estimés 12 millions.

§ I. — CONSTRUCTION DE DEUX USINES

Les trois usines installées actuellement à Lyon produisent en moyenne 28 millions de mètres cubes de gaz.

Usine de la Guillotière...... 10.000.000^{m3}
— de Perrache........... 16.500.000
-- de Vaise.............. 1.800.000

et 30 millions au maximum de production. Tous ces chiffres doivent être majorés de 12 à 15 %, en raison des fuites de la canalisation.

Une nouvelle installation devra donc, par mesure de prudence, prévoir une fabrication de 35 millions au moins, et comprendre deux usines séparées sur des emplacements qui seront, autant que possible, choisis sur la rive gauche du Rhône et dans la presqu'île de Perrache.

Ce dédoublement est nécessaire : 1° pour égaliser la pression ; 2° pour avoir une usine de secours en cas d'accident.

La construction de deux usines, l'une de vingt, l'autre de quinze millions de mètres cubes. est donc obligée, ces deux chiffres étant des minima.

A. — *Coût de construction d'une usine à gaz.*

Le prix *théorique* d'une usine à gaz est variable, suivant les localités, suivant aussi l'importance des constructions et la longueur des canalisations.

Dans les usines puissantes, comme celles de Paris, Bruxelles, le coût est évalué de 0 fr. 85 c. à 0 fr. 65 c. par mètre cube de la production annuelle. La canalisation est comprise dans ce chiffre pour 25 %, ce qui ramène pour l'usine seule le prix de 0 fr. 40 c. à 0 fr. 60 c. par mètre cube.

Dans un rapport présenté en 1880 au Conseil municipal de Paris, M. Martial Bernard indique pour les usines de la Compagnie parisienne le prix de 0 fr. 85 c. par mètre cube, qui se décompose ainsi :

Construction des usines............Fr. » 53
Canalisation....................... » 21
Matériel loué, outillage............ » 11

Total......Fr. » 85

A Bruxelles, pour une usine de 18 millions de mètres cubes, le compte de premier établissement s'élève à 12,290,000 fr. Le prix ressort à 0 fr. 72 c. au lieu de 0 fr. 85 c.

En prenant pour base les prix payés à Paris, Bruxelles, on aurait pour une usine de 35 millions :

Prix de Paris :
0 fr. 53 c. $\times$ 35,000,000m³ = 18,550,000 fr.
Prix de Bruxelles :
0 fr. 43 c. $\times$ 35,000,000m³ = 14,700,000 ---

Le devis présenté par le service de la Voirie s'élève au chiffre de 12 millions, il est sensiblement inférieur aux prix précédents (0 fr. 33 c., par mètre cube); il ne comprend d'ailleurs aucune somme pour constitution de société, intérêts pendant la construction, etc., et ne prévoit qu'une production de 35,000,000m³.

Rappelons toutefois que plus le matériel est perfectionné, plus les dépenses de premier établissement augmentent, mais aussi plus le compte de fabrication est réduit pour l'avenir.

B. — *Sommaire du devis présenté par le service technique.*

1° *Terrains.* — Pour la première usine de 20,000,000 de mètres cubes, la superficie devra être de 9 à 10 hectares pour répondre à toutes les conditions d'une exploitation moderne.

Le prix de ces terrains dépendra de leur emplacement. Si on doit maintenir une usine à Perrache, le prix sera nécessairement élevé.

En l'évaluant à 15 fr. le mètre carré, on arrive à 1,500,000 fr. au minimum................Fr. 1.500.000 »
Il convient d'ajouter le prix de construction d'un mur d'enceinte s'élevant à........... 66.200 »

A reporter...... 1.566 200 »

Report..........	1.566.200 »

2° *Matériel et fours de distillation*. — Les fours doivent pouvoir distiller 325,000 kilos de houille par jour. Leur nombre est de 56 et chacun d'eux contient 9 cornues.
Le prix est de 2,000 fr. par cornue...................... **1.008.000 »**

3° Deux cheminées de 35 mètres, 10,000 fr. chacune...... **20.000 »**

4° Collecteurs, réfrigérants et accessoires.............. **68.500 »**

5° Deux condensateurs à choc. Chacun d'eux de ces appareils vaut 6,500 fr., soit.. **13.000 »**

6° Colonnes à coke et accessoires.................. **37.000 »**

7° Appareils d'épuration et accessoires.............. **102.850 »**

8° Extracteurs........... **16.000 »**

9° Compteurs de fabrication................... **45.000 »**

10° Gazomètres. Deux gazomètres de 25,000 m. cubes et un de 15,000 m. cubes, à raison de 25 fr. le mètre cube, tuyaux et valves, au total.... **1.637.000 »**

11° Régulateur d'émission. **14.000 »**

12° Force motrice : 1 machine de 55 chevaux, 1 de 40 chevaux, accessoires, etc.. **38.200 »**

13° Appareils broyeurs et classeurs de coke.......... **6.000 »**

14° Appareils pour fabrication de l'alcali............. **30.000 »**

15° Citernes à goudron et eaux ammoniacales........ **28.000 »**

16° Hangars aux matières d'épuration, salles d'épuration. **235.000 »**

17° Hangars à charbon.... **200.000 »**

18° Hangars à coke........ **12.500 »**

19° Halles de distillation... **75.200 »**

20° Salle de pression et des compteurs............... **6.400 »**

21° Atelier de travaux mécaniques et de plomberie.... **56.000 »**

22° Ateliers d'alcali...... **37.500 »**

23° Ecurie .... **10.000 »**

24° Bureaux............. **76.000 »**

25° Usine de force motrice. **24.000 »**

26° Canalisation de l'usine. **114.400 »**

27° Canalisation extérieure. **720.000 »**

28° Bascule et voies ferrées. **65.000 »**

Total......Fr.	6.261.750 »

A ajouter pour projets, plans, honoraires, etc., 5 %........ **313.087 50**
Imprévus divers.......... **325.162 50**

Total......Fr.	6.900.000 »

La première usine coûtant 6,900,000 fr., la seconde coûterait 5,171,000 fr. ; au total 12,071,000 fr. pour les deux.

L'emprunt par la Ville de ce capital demanderait, pour intérêt et amortissement le taux de 5,60 %, au minimum.

Il est évident que si une compagnie se chargeait de l'entreprise, elle paierait un taux beaucoup plus élevé.

Il serait prudent de prévoir une somme pour :

1° Travaux de grosses réparations et réfection des canalisations ordinaires ;

2° Pour organisation du service urbain, locations diverses pour bureaux, postes d'allumeurs, etc.

En résumé, pour ne pas être exposé à des mécomptes, l'estimation des frais de premier établissement doit être augmentée d'au moins 500,000 fr. et être portée à 12,500,000 fr. au minimum, donnant une charge annuelle ainsi répartie :

12,500,000 fr., intérêt, amortissement, à 5,60 %.................... Fr. 700.000

11,000,000 (capital usines et matériel), entretien et renouvellement du matériel industriel, à à 4 %...................... 420.000

Total............	1.120.000

Si, en se référant au mode de calcul des spécialistes indiqué plus haut, on fixe à 10 % du capital engagé, la somme nécessaire pour intérêt et amortissement du capital et du matériel industriel qui doit être remplacé, on arrive à une charge annuelle de 1,250,000 fr.

§ II. — ENUMÉRATION DES DIFFÉRENTS SYSTÈMES D'EXPLOITATION

La Ville se trouve en présence de trois solutions :

A. — Adoption du projet de traité avec la Compagnie du gaz de Lyon ;

B. — Adjudication publique de l'éclairage au gaz ;

C. — Régie directe municipale.

Nous connaissons les propositions de la Compagnie, il est inutile de les rappeler.

A. — *Adjudication publique totale.*

La Ville ferait un appel immédiat aux Compagnies gazières, pour se substituer à la Compagnie actuelle à la fin de sa concession.

L'adjudication porterait sur le rabais des tarifs d'abonnement. Le cahier des charges, en raison de la situation particulière, devrait contenir, en dehors des conditions ordinaires, quelques stipulations spéciales ; il comprendrait notamment les clauses suivantes :

1° Durée de la concession pour 30 années ;

2° Obligation de construire en temps utile deux usines pouvant produire au minimum à elles seules 35 millions de mètres cubes de gaz ; approbation des plans, devis et emplacements par le Conseil municipal ; fonctionnement de l'usine assuré six mois au moins avant l'ouverture de la période d'exploitation.

3° Le versement au jour de l'adjudication d'un cautionnement de un million de francs, ou la caution d'une maison de banque de premier ordre agréée par le Conseil municipal. Le cautionnement serait remboursable au fur et à mesure de l'exécution des travaux, à l'exception d'une somme de 200,000 fr., qui ne serait remboursée qu'au jour du fonctionnement ;

4° L'obligation de se conformer aux règlements de police et de voirie, tels qu'ils sont indiqués dans le cahier des charges qui vous est soumis actuellement ;

5° Le paiement d'une redevance fixée à 20 °/₀ sur la recette *brute* des ventes de gaz aux particuliers ; le prix du gaz vendu aux particuliers ne pourra dépasser 0 fr. 16 c. par mètre cube ;

6° Le prix du gaz public à 0 fr. 10 c. ; faculté pour la Ville de consommer la quantité de gaz qu'elle jugerait nécessaire, et de s'adresser à d'autres systèmes d'éclairage pour tout ou partie de l'éclairage ;

7° Le prix de l'entretien des lanternes publiques à 15 fr. par lanterne ;

8° La jouissance à titre gratuit de toutes les canalisations appartenant à la Ville ;

9° La jouissance à titre gratuit du matériel d'éclairage tant que la Compagnie resterait chargée de cet éclairage ;

10° Remise en fin de la concession à la Ville gratuitement du matériel de la canalisation ; de tout, en un mot, ce qui occupe la voie publique, branchements, etc.

La Compagnie serait tenue en fin de concession de céder ses usines à la Ville si celle-ci en faisait la demande trois ans au moins avant l'expiration du traité. Le prix en serait fixé soit par accord amiable soit par voie d'expertise.

B. — *Adjudication partielle.*

L'adjudication *partielle* comprendrait la construction par la Ville des usines, et la remise à l'adjudicataire de ces constructions et de la canalisation existante.

Le cahier des charges comprendrait les mêmes obligations que le précédent avec la clause suivante ajoutée aux charges de l'exploitation : Remboursement à la Ville des annuités et de l'amortissement des sommes avancées avec majoration de 1/2 °/₀. Ce remboursement aurait lieu par trimestre. Cautionnement d'un million de francs déposé à la Caisse municipale, soit en espèces, soit en titres de rentes françaises, obligations de la ville de Lyon ou obligations de chemins de fer garanties par l'Etat.

C. — *Régie municipale.*

a) *Régie intéressée.* — La Ville remettrait les usines prêtes à fonctionner à une compagnie qui se chargerait du service pour le compte de la Ville moyennant un tant pour °/₀ sur les recettes et les nouveaux abonnements.

On pourrait également traiter à forfait pour la dépense et réserver seulement à la Ville une part dans les bénéfices.

b) *Régie municipale directe.* — Création par la Ville d'un service spécial de l'éclairage ayant à sa tête un Directeur chargé du personnel et de toutes les opérations commerciales. La Ville encaisserait directement les recettes et solderait les dépenses.

§ III. — EXAMEN CRITIQUE DES DIFFÉRENTS SYSTÈMES PROPOSÉS.

A. — *Adjudication publique de l'éclairage au gaz.*

La durée de la concession serait de 30 années, temps nécessaire pour

permettre l'amortissement du capital.
La concession devrait comprendre le
privilège de la distribution du gaz
d'éclairage et fermer la porte à toute
concurrence. S'il reste bien entendu que
l'éclairage électrique est réservé et que
cette industrie sera libre, il serait impru-
dent de ne pas prévoir également l'avè-
nement d'un nouveau mode d'éclairage
et de ne pas stipuler que la Compagnie
adjudicataire n'aura pas le droit de s'op-
poser à son exploitation. Et encore,
cette réserve risquerait de soulever de
graves contestations. Si, par le mélange
du gaz de houille et d'autres gaz, on ob-
tenait un nouveau produit, qui jugerait
que ce système rentre ou non dans le
privilège de la Compagnie ? En limitant
exclusivement le monopole à l'éclairage
au gaz de houille, et en fixant un maximum
de prix à 0 fr. 16 c. le mètre cube, il ne se
trouvera jamais une Compagnie soucieuse de ses intérêts qui consente à
accepter de pareilles conditions.

L'adjudication, même avec le monopole
du gaz mais sans autre privilège contre
tout autre mode d'éclairage, risque de ne
pas trouver de soumissionnaires.

La Ville se trouvera donc, avant
comme après cette tentative d'adjudication, dans la même situation, ou plutôt dans une situation plus fâcheuse
puisqu'elle aura perdu un temps précieux.

B. — *Adjudication partielle.*

L'adjudication de l'exploitation après
que la Ville aura pris toutes les dépenses de construction à sa charge est plus
défectueuse encore dans ses résultats.
Cette solution a tous les inconvénients de
la précédente avec cette aggravation
que, dans le cas de non réussite, elle
resterait avec toutes ses charges et
l'obligation de continuer le service.

C. — *Régie intéressée.*

Ce système, comparé avec la régie directe, n'offre aucun avantage sérieux.
Si l'affaire est mauvaise, la Ville subira
les charges ; si elle est bonne, elle n'encaisserait qu'une partie des bénéfices ;
mieux vaut la régie directe, qui égalise
au moins les chances de gain ou de
perte.

CHAPITRE IV

La plupart des économistes professent
que l'État et les communes sont de mé-
diocres exploitants, et que dans les en-
treprises qui ont un côté industriel ou
commercial, à l'exception de quelques
services publics d'ordre général, tels
que les postes et télégraphes, il est pré-
férable de s'adresser à l'industrie privée.
Sans discuter ici une question de principe d'ailleurs fort contestable, nous
pensons qu'il convient d'étudier chaque
question en elle-même, en tenant compte
des circonstances particulières de l'affaire.

Nous discuterons donc les propositions suivantes, relatives à la régie municipale :

1° Le gaz distribué sera-t-il de meil-
leure qualité ?

2° Le public sera-t-il mieux servi ?

3° Le public bénéficiera-t-il d'un abaissement de tarifs ?

4° La Ville a-t-elle intérêt, au point de
vue de ses finances, à monopoliser l'éclairage au gaz ?

5° Quels seraient les avantages d'une
régie municipale ?

1° *Qualité du gaz.* — L'analyse du pouvoir éclairant et de la composition chi-
mique du gaz donne des renseignements si complets qu'il est extrêmement
facile, ainsi que cela se pratique tous les
jours dans les laboratoires municipaux,
de contrôler sa qualité, et que, sur ce
point spécial, on ne trouvera point de
différence dans le gaz, qu'il provienne
d'une usine communale ou d'une compagnie industrielle.

2° *Rapports entre le public et l'Administration.* — On ne saurait dissimuler
qu'une compagnie apportera plus d'ac-
tivité, plus de bonne volonté pour satisfaire le public, augmenter la consommation, accorder des facilités, etc., qu'un
service municipal. Malgré la bonne volonté de tous les employés, ceux-ci ont
une tendance involontaire à se considé-
rer comme des fonctionnaires, et lorsqu'ils ont suivi la lettre du règlement,

ils se croient affranchis de toute autre obligation.

Les inconvénients redoutés par ceux qui estiment que les municipalités sont inaptes à gérer une affaire industrielle ne paraissent pas confirmés par l'expérience faite par un grand nombre de municipalités. Les villes de Grenoble, Genève, Zurich, Neuchâtel, Saint-Gall, Hambourg, Leipzig, Breslau, Dresde, Brême, etc., etc., qui ont adopté la régie municipale, paraissent satisfaites des résultats obtenus. Il ressort des renseignements recueillis dans ces diverses localités que l'exploitation, dirigée par un directeur responsable, ayant pleine autorité pour agir au mieux des intérêts de la commune, diffère peu de l'exploitation par une compagnie.

Les règlements administratifs en France soulèveront sans doute quelques difficultés, principalement au point de vue de la comptabilité, mais ces difficultés ne paraissent pas insurmontables.

3° Abaissement du prix de vente du gaz aux particuliers. — Une Compagnie peut-elle vendre le gaz aux particuliers à des tarifs inférieurs à ceux d'une régie municipale ?

A *priori*, la Compagnie, obligée de servir un intérêt à ses actionnaires et d'amortir capital et matériel, paiera l'argent plus cher qu'une municipalité ; mais la Commune, si elle réalise de ce chef une économie, est exposée d'autre part, à une augmentation de dépenses provenant de la construction d'usines neuves, de la surélévation des salaires, d'un personnel plus nombreux ; on se rapprochera beaucoup de la vérité en estimant que si le service des intérêts est plus faible, celui de l'exploitation sera plus fort et qu'il y aura compensation.

Les régies municipales des villes de Grenoble et de Valence sont des exemples concluants.

A Grenoble, le prix de revient du gaz dépasse 13 centimes, bien que la ville, lors de sa prise de possession, ait hérité de l'usine et de la canalisation dont les frais avaient été faits par les anciennes compagnies.

L'exemple de la ville de Valence est encore moins encourageant ; le prix de revient du gaz est plus élevé qu'à Grenoble ; seulement, à Valence, les difficultés entre le régisseur et la Ville sont de tous les jours, précisément parce que le directeur n'a pas l'autorité nécessaire.

Dans ces conditions, examinons ce qui se passera en 1904.

Le prix de vente du gaz est fixé à 0 fr. 16 c. par mètre cube, limite extrême des réductions qu'on peut obtenir d'une Compagnie soucieuse de ses intérêts. Sur ce prix de 0 fr. 16 c., la Compagnie devra payer 10 °/₀ sur la recette brute du gaz vendu, et 200,000 fr. pour la canalisation, ce qui donne pour une exploitation de 22 millions de mètres cubes une charge de 0 fr. 0160 + 0 fr. 0090 par mètre cube et ramène le prix de vente du gaz à 0 fr. 1360.

Au-dessous de ce prix, aucune compagnie ne prendrait les risques d'une exploitation ; et en compensation de cet abaissement maximum le consommateur aura eu à subir une surélévation des tarifs de 1897 à 1904.

4° La commune a-t-elle intérêt à monopoliser l'éclairage au gaz ? — Si cette question eût été posée il y a quinze ou vingt ans, alors que la période de prospérité semblait indéfinie, personne n'eût hésité à réclamer pour la commune le bénéfice de cette exploitation, source de si gros bénéfices.

Aujourd'hui, la situation n'est plus la même : les dividendes n'ont pas baissé, mais on prévoit l'heure prochaine où le gaz d'éclairage aura disparu devant l'électricité.

Comment ne pas préférer cette lumière électrique si brillante, si commode, exempte d'inconvénients et de dangers ?

L'éclairage électrique est déjà adopté dans un grand nombre de villes de l'étranger, et sa généralisation chez nous suivra immédiatement l'abaissement du prix et la suppression des monopoles accordés aux Compagnies gazières. Lorsque l'hectowat ne coûtera que 8 centimes, et encore ce chiffre baissera-t-il, le gaz ne servira peut-être plus que pour le chauffage et la force motrice. Et ce n'est pas seulement l'électricité qui est à redouter, d'autres concurrents pourront entrer en ligne ; si l'acétylène est rendu inoffensif, si d'autres découvertes viennent utiliser une plus grande partie du pouvoir éclairant du gaz lui-même, quelles en seront les conséquences pour l'industrie gazière?

Une diminution ou tout au plus le *statu quo*, tel est l'avenir qui doit être prévu par une Compagnie prudente, et dans ces conditions, un engagement à long terme est certainement plein de périls.

Mais, dira-t-on, pourquoi, dans cette hypothèse, la Compagnie du gaz de Lyon poursuit-elle la conclusion d'un nouveau traité? Par ce motif que la Compagnie ayant réalisé de gros bénéfices, a pu amortir son capital; que les frais de sa nouvelle installation sont de beaucoup réduits; qu'elle n'aura qu'un capital minime à rémunérer; qu'elle compte encore sur quelques années productives et enfin qu'elle a le plus grand intérêt à développer l'éclairage électrique. Les risques sont donc infiniment moins grands pour elle.

5° *La Régie municipale et ses bénéfices pour la Ville.* — Lorsqu'on invoque l'exemple des villes exploitant leur gaz et réalisant des bénéfices plus ou moins importants, on perd un peu de vue le prix auquel le gaz est vendu aux consommateurs. A Grenoble et à Valence, le prix du mètre cube est de 0 fr. 25 c.; et à Grenoble, la Ville a limité la production électrique; en Suisse et dans la plupart des villes allemandes, le tarif est de 0 fr. 20. c.

A 0 fr. 16 c., la situation ne serait plus du tout la même.

D'après les tableaux que nous avons dressés, le prix de revient ne descend pas au-dessous de 0 fr. 13 c. dans notre région.

Le bilan est facile à établir :

DÉPENSES.		RECETTES.
Fabrication Fr.	1,600,000	Vente aux particuliers :
Frais généraux	850,000	22.000,000 m. cubes, à
Intér. et amor-tissement ..	1,120,000	0 fr. 16 c. Fr. 3,520,000
Total. Fr.	3,570,000	

La Ville bénéficie de son éclairage.

Si la Ville vendait le gaz 0 fr. 20 c., elle encaisserait en plus 880,000 fr. par an.

Sur qui serait prélevé ce bénéfice? Sur le consommateur.

La question se pose donc dans les termes suivants : Si la Ville maintient le prix de 0 fr. 20 c. le mètre cube, elle trouvera une source importante de revenus prélevés sur le consommateur. Si elle vend le gaz à prix réduit, elle courra les risques de perte, sans compensation suffisante.

CHAPITRE V

ÉLECTRICITÉ.

Nous serons très bref sur ce point; le traité proposé donne complète satisfaction à la population en stipulant que la distribution de l'éclairage électrique est absolument libre et que toute concurrence, petite ou grande, pourra se produire.

C'est un avantage des plus précieux, surtout au moment où la transformation de la traction des tramways permettra à la Ville de trouver à bas prix l'énergie électrique pour éclairer les voies principales parcourues par les tramways.

Les prix *maxima* indiqués sont des prix nominaux qui s'abaisseront bien vite devant la concurrence.

CONCLUSIONS

En résumé, de l'analyse des documents soumis à votre appréciation, il nous paraît qu'on peut tirer les conclusions suivantes :

1° Dans la situation particulière imposée à la ville de Lyon par les traités existants, deux solutions seulement sont possibles :

A. — *Nouveau traité* avec la Compagnie du gaz.

B. — Maintien du *statu quo* jusqu'en 1904 et à cette époque reprise par la Ville du service de l'éclairage, avec *régie directe*.

2° Le prix de revient du gaz dans notre région est de 0 fr. 13 c. par mètre cube, au minimum.

3° Le prix moyen du mètre cube de gaz vendu aux particuliers est de 0 fr. 18 c. dans le projet de traité.

Ce prix ressort à 0 fr. 183, si l'on suppose le maintien du *statu quo* jusqu'en 1904 et le gaz vendu ensuite 0 fr. 16.

4° Au point de vue communal, la Ville bénéficie, pour l'éclairage public, d'avantages à peu près égaux dans les deux systèmes.

5° L'industrie de l'éclairage étant susceptible de transformations profondes dans un avenir prochain, si elle se chargeait de l'exploitation, la Commune serait obligée, pour se garantir des risques, de maintenir le prix du gaz à un tarif minimum de 20 centimes.

6° Le projet de traité donne satisfaction immédiate aux consommateurs et libère l'éclairage électrique de toute entrave ; il ne compromet pas l'avenir, réserve expressément la possibilité de la concurrence pour tout système d'éclairage nouveau.

7° Le projet de traité diminue notablement les charges du présent en grevant un peu l'avenir.

Le maintien du *statu quo* impose aux contribuables une lourde charge dans le présent et un dégrèvement dans l'avenir.

La compensation est-elle suffisante?

Il appartient au Conseil municipal de se prononcer.

Lyon, le 20 février 1897.

Le Maire de Lyon,

Dr GAILLETON.

PIÈCES ANNEXES

ANNEXE N° I

PROJET DE TRAITÉ

Entre la ville de Lyon et la Compagnie du Gaz de Lyon, Société anonyme au capital de 10 millions, il a été convenu ce qui suit :

CHAPITRE Ier

Gaz.

Art. 1er. — Du consentement de la Compagnie du gaz de Lyon, le privilège de la dite Compagnie est aboli.

En conséquence, sur tout le territoire de la ville de Lyon exploité par les anciennes Compagnies de Perrache et de la Guillotière, la liberté absolue est proclamée pour la production et la vente du gaz destiné à l'éclairage, au chauffage et à tous usages industriels, et pour la distribution et la vente de la lumière électrique et de tous autres modes d'éclairage.

Art. 2. — La ville de Lyon concède à la Compagnie du gaz, pour une durée de quarante années, l'autorisation d'utiliser les voies publiques dépendant de son domaine pour placer les canalisations de gaz destinées à l'éclairage, au chauffage et tous usages industriels, etc...

Elle s'engage, par suite, à lui accorder et maintenir, pendant toute la durée des présentes, toutes autorisations de voirie nécessaires sur son domaine communal.

De même en ce qui concerne les voies, dites de grande voirie, comprises dans les parcours qu'exploitera la Compagnie du gaz, la ville de Lyon s'engage à faire diligence auprès des pouvoirs publics pour lui obtenir les autorisations nécessaires à son exploitation.

Il est expressément stipulé que cette concession n'est pas exclusive, ne confère ni privilège, ni monopole, et qu'à toute époque la Ville aura le droit absolu de concéder toutes autorisations pour la fabrication et la vente du gaz pour l'éclairage et tous autres usages industriels à des particuliers ou à des Compagnies autres que la Compagnie du gaz.

Art. 3. — Il est expressément rappelé que la Ville a le droit absolu d'autoriser toutes personnes et compagnies autres que la Compagnie du gaz à établir, sur le territoire de la Commune, les canalisations nécessaires à l'exploitation de l'industrie gazière.

Les obligations imposées seront les mêmes pour la Compagnie du gaz de Lyon et tous autres concessionnaires en ce qui concerne, *la redevance, les règlements de police et de voirie; les conditions spéciales à remplir pour assurer la bonne qualité du gaz, un bon service et la sécurité du public; la durée de la concession, l'extension de la canalisation,* etc., et qui sont contenues dans le cahier des charges générales. Il est fait une *exception spéciale pour l'étendue du périmètre concédé.*

A cet effet, le périmètre de la ville de

Lyon, est divisé en cinq secteurs indiqués dans le plan annexé.

La Compagnie du gaz de Lyon s'engage à desservir les quatre secteurs exploités par elle, et ce, sur toute l'étendue de sa canalisation actuelle et de celle qui sera établie conformément aux clauses du cahier des charges.

Les *nouveaux concessionnaires* pourront limiter leur demande à un *seul secteur* ou à plusieurs et à tous les secteurs, mais ils devront desservir dans le ou les secteurs tout le parcours déjà effectué par la Compagnie du gaz de Lyon.

Art. 4. — La ville de Lyon concède à la Compagnie du gaz, pour une même durée de quarante années, la jouissance exclusive de toute la canalisation et de tous les branchements extérieurs qui devaient devenir, en 1904, la propriété de la Ville, et qui deviennent, dès aujourd'hui, sa propriété. En échange, la Compagnie du gaz payera annuellement à la Ville, à titre de location, une somme de 200,000 fr. pendant toute la durée de son exploitation ; cette somme sera payée en deux termes égaux, les 15 janvier et 15 juillet de chaque année.

Art. 5. — Le gaz vendu par la Compagnie pour l'éclairage et le chauffage des particuliers ne pourra être facturé à des prix supérieurs aux prix fixés ci-après, savoir :

0 fr. 20 c. par mètre cube pour la première période de 8 années.

0 fr. 19 c. par mètre cube pour la deuxième période des 8 années suivantes.

0 fr. 18 c. par mètre cube pour la troisième période des 8 années suivantes.

0 fr. 17 c. par mètre cube pour la quatrième période des 8 années suivantes.

0 fr. 16 c. par mètre cube pour la cinquième et dernière période des 8 dernières années.

Le gaz employé aux usages industriels autres que l'éclairage ou autres que le chauffage domestique ne pourra être vendu à un prix supérieur à 0 fr. 16 c. le mètre cube.

La Compagnie du gaz sera toujours libre de consentir des réductions sur les prix indiqués. La Compagnie se réserve le droit de dénoncer le présent traité avant l'entrée en vigueur de l'une ou de l'autre des deux périodes de 0 fr. 17 c. ou 0 fr. 16 c. dans le cas où, par suite des circonstances économiques, elle jugerait l'exploitation trop onéreuse.

Au cas où la Compagnie voudrait user de cette faculté, elle devra en avertir la Ville trois ans avant le commencement de chaque période, c'est-à-dire avant la vingt et unième année ou avant la vingt-neuvième année du présent contrat.

Art. 6. — La Ville n'aura plus droit à aucun bec gratuit ; elle paiera mensuellement à la Compagnie du gaz, pendant toute la durée du présent traité, le gaz consommé par les services publics et les bâtiments communaux à raison de dix centimes le mètre cube.

En compensation, à forfait, la Compagnie du gaz devra verser annuellement à la ville de Lyon, dix pour cent prélevés sur le montant brut des sommes perçues par elle pour prix de vente du gaz aux particuliers, c'est-à-dire à tous les consommateurs autres que la Ville, sur tout le territoire de la commune de Lyon exploité par les anciennes Compagnies de Perrache et de la Guillotière.

Pour permettre le calcul de cette redevance, la Compagnie du gaz devra, chaque année, dans la première quinzaine de février, transmettre à la Mairie un état certifié conforme des recettes provenant de ses ventes aux particuliers pendant l'année précédente et la somme revenant à la Ville devra lui être versée par la Compagnie avant le 15 mars suivant.

Art. 7. — La Compagnie s'engage à fournir à la Ville, sur sa demande, la quantité de gaz que celle-ci jugera nécessaire pour les services publics.

La Ville se réserve expressément le droit de s'adresser, pour tout ou partie de son éclairage public, à tout autre fournisseur de gaz, de lumière électrique ou de tout autre mode d'éclairage.

Art. 8. — Le matériel servant actuellement à l'éclairage public, qui est la propriété de la Ville (lanternes, candélabres, consoles, etc.), sera mis gratuitement à la disposition de la Compagnie du gaz, si elle est chargée et tant qu'elle sera chargée dudit éclairage public.

La Compagnie du gaz reste chargée pendant le même temps, moyennant 15 fr. par an et par lanterne ordinaire carrée au bec type (brûlant 140 litres à l'heure), de l'entretien, l'allumage et l'extinction des becs servant à l'éclairage public ordinaire.

Mais, en ce qui concerne la fourniture et l'entretien des becs spéciaux (becs-phares, Schülcke, Auer (et autres), la Ville se réserve de traiter soit avec la Compagnie du gaz de Lyon, soit avec tous autres industriels.

Art. 9. — Le régime du droit commun sera appliqué à la Compagnie du gaz de Lyon pour tout ce qui concerne les droits d'octroi; il est expliqué toutefois que les houilles destinées à la fabrication de son gaz ne seront soumises à aucun droit; il en sera de même pour tous les cokes provenant de la distillation de sa houille, sauf ceux vendus dans l'intérieur de la ville pour être employés au chauffage domestique.

Art. 10. — Comme conséquence de tout ce qui précède, les présentes abrogent définitivement les traités de 1853 et de 1855; la ville de Lyon et la Compagnie du gaz renoncent, chacune en ce qui la concerne, à toutes réclamations quelconques pour le passé ou le présent, portant sur le sens, l'interprétation ou l'exécution des anciens contrats, tous les litiges actuellement pendants ou jugés sont et demeurent définitivement éteints par désistement des deux parties, chacune supportant ses frais.

Et, comme apuration définitive de tous comptes antérieurs, la Compagnie du gaz payera à la ville de Lyon la somme lui revenant pour sa participation aux bénéfices de la Compagnie de la Guillotière pour l'année qui précèdera celle de l'approbation définitive du traité; la Ville abandonne définitivement et immédiatement à la Compagnie du gaz : 1° la part qui devait lui revenir dans l'actif partageable à la fin de la concession de l'ancienne Compagnie de la Guillotière; 2° sa part dans les bénéfices de la Compagnie de la Guillotière.

Art. 11. — La Compagnie du gaz prend l'engagement de transférer sur un autre emplacement et dans un délai de cinq années au maximum, l'usine à gaz de la Guillotière et la Compagnie abandonnera alors à la Ville tous les terrains nécessaires à l'élargissement et à l'ouverture des voies publiques sur l'emplacement de l'usine actuelle de la Guillotière, et qui sont teintés en rose sur le plan annexé.

Art. 12. — A la fin de la présente concession, les canalisations de gaz, les branchements et les appareils servant à l'éclairage public resteront la propriété de la Ville et devront être remis par la Compagnie en bon état de conservation.

De plus, la Compagnie, à la fin de la concession, abandonnera gratuitement à la Ville la propriété de tous les branchements sur rue servant à l'éclairage particulier appartenant à la Compagnie, en l'état où ils seront.

CHAPITRE II

Electricité.

Art. 13. — La Compagnie du gaz déclare formellement renoncer à son monopole de production et de vente de la lumière électrique; en conséquence, la liberté absolue de l'éclairage par l'électricité sera établie sur tout le territoire de la ville de Lyon exploité par les anciennes Compagnies de gaz de Perrache et de la Guillotière.

Art. 14. — En échange de cet abandon, la ville de Lyon autorise la Compagnie du gaz à créer les usines nécessaires pour l'extension de son exploitation électrique. La Ville s'engage à accorder et maintenir à ladite Compagnie, pendant toute la durée des présentes, soit pendant quarante années, toutes autorisations nécessaires pour établir soit au-dessus, soit au-dessous des voies publiques, dites de petites voirie, les câbles, canalisations, conducteurs et appareils quelconques destinés à la distribution de l'électricité dans la ville de Lyon pour l'éclairage et pour tous autres usages.

De même, en ce qui concerne les voies dites de grande voirie, comprises dans les parcours qu'exploitera la Compagnie du gaz, la ville de Lyon s'engage à faire diligences auprès des pouvoirs publics pour lui obtenir les autorisations nécessaires à son exploitation.

Il est entendu que la canalisation souterraine sera employée en règle générale, et que la Ville sera seule juge des cas dans lesquels les conducteurs pourront être aériens.

Art. 15. — Il est expressément stipulé que cette concession n'est pas exclusive, qu'elle ne confère à la Compagnie du gaz ni privilège ni monopole, et qu'à toute époque la Ville aura le droit absolu d'accorder ou reconnaître à tout autre demandeur les autorisations de voirie analogues ; mais tous les exploitants seront soumis aux mêmes charges et redevances et astreints aux mêmes obligations que la Compagnie du gaz.

La Ville dressera un cahier des charges-type que tout exploitant de lumière électrique devra accepter.

Ce cahier des charges fixera les prix maxima de vente de l'électricité (0 fr. 10 c. l'hectowatt-heure pour les particuliers, et 0 fr. 09 c. l'hectowat-heure pour la Ville), la redevance à payer à la Ville (6 °/₀ sur le montant brut des sommes perçues pour prix de vente d'électricité aux particuliers), les conditions d'installation et d'exploitation des usines, des conducteurs souterrains ou aériens, des appareils à placer sur ou sous la voie publique et chez les particuliers.

Il réglera, en un mot, les conditions et les charges de toutes exploitations électrique.

Ce cahier des charges, accepté par la Compagnie du gaz, sera annexé au présent traité et sera en vigueur pour toute la durée de la présente convention. Néanmoins, au cas où la Ville voudrait accorder à d'autres permissionnaires ou concessionnaires des conditions d'exploitation plus favorables, la Compagnie du gaz serait de plein droit admise à en bénéficier. Elle aura, en un mot, une situation identique, au point de vue des charges, à celle de l'exploitant le plus favorisé.

Art. 16. — La Compagnie du gaz s'oblige, tant qu'elle produira la lumière électrique, et dans toutes les voies canalisées et exploitées par elle, à fournir à réquisition à la Ville l'éclairage électrique dont la Ville pourrait avoir besoin pour l'éclairage soit des voies publiques, soit des bâtiments communaux, situés sur le parcours des canalisations de la Compagnie ; mais la Ville conserve le droit à toute époque de s'adresser à un autre fournisseur en prévenant la Compagnie un an d'avance.

Il est expliqué que les houilles et le coke destinés à la production de l'électricité ne seront soumis à aucun droit d'octroi.

Art. 17. — La Ville et la Compagnie renoncent, chacune en ce qui la concerne, à toutes réclamations quelconques pour le passé. Le contrat de 1887, qui oblige la Compagnie à livrer à la Ville l'électricité à un prix déterminé pour les théâtres municipaux et l'Hôtel de Ville, est abrogé. Tous les litiges actuellement pendants sont et demeurent éteints par désistement des deux parties, chacune supportant ses frais.

La Ville reconnaît, en tant que de besoin, que tous les câbles ou canalisations posés ou à poser, sont et resteront la propriété de la Compagnie à la fin du présent traité.

Dispositions générales.

Art. 18. — La présente convention ne sera définitive pour les deux parties qu'après approbation par l'Administration supérieure et par l'Assemblée générale des actionnaires de la Compagnie du gaz. Elle entrera en vigueur au plus tard trois mois après l'approbation par l'Administration supérieure.

Les droits pour l'enregistrement du présent traité, ainsi que les frais d'impression dudit traité à 300 exemplaires, sont à la charge de la Compagnie.

ANNEXE N° 2

Bilan de l'Usine à gaz de la ville de Grenoble

Situation de l'exercice 1895

```
Houille 15,321,000ᵏ, qualités diverses.......................... Fr.   357,895 05
Chauffage des fours. — Coke : 3,658,800ᵏ à 20 fr. 20 c. %₀₀...........    73,907 76
              ( Sciure de bois............................       »    » )
Epuration  ( Oxyde de fer : 30,000ᵏ à 40 fr. %₀ₙ........ Fr.   1,200  » )   1,200  »
Traitement des eaux ammoniacales. — Chaux : 77,600ᵏ à 21 fr. %₀₀....       1,629  »
                ( Administration.................  31,919 65 )
Traitements et salaires( Main-d'œuvre d'usine...........  81,056 95 ) 151,189 94
                ( Main-d'œuvre de ville..........  38,213 34 )
Entretien général et réparations....................................    23,750  »
Frais généraux....................................................      14,250  »
Intérêt et amortissement à raison de 10 fr. par tonne de houille dis-
   tillée ............................................................ 153,210  »
                                                                      ___________
                       Total...................... Fr.   777,032 35
```

A déduire :

```
Production de 9,424,000ᵏ coke à 20 fr. 20 c. %₀₀...... Fr.   190,364 80 )
     —        778,000ᵏ poussier à 8 fr. %₀₀............       6,224  » )
     —        689,450ᵏ goudron à 30 fr. %₀₀...........      20,683 50 )
     —         78,250ᵏ alcali à 240 fr. %₀₀.............     18,780  » ) 269,107 70
Locations de compteurs...............................      22,895 35 )
     —       d'appareils ...............................       3,797 05 )
Produit divers.......................................       6,663  » )
```

Coût net : Prix de revient de 4,353,080ᵐ³ de gaz fabriqués pendant
l'exercice (à déduire pertes dans les canalisations)................   507,624 65

Recettes en gaz

```
Abonnements fixes.....................    512,203ᵐ³     66,586 45 )
Abonnements au compteur...............  2,141,883      519,460 37 ) 756,832 52
Eclairage public......................    908,497      136,274 55 )
Mairie et établissements communaux.....   230,181       34,512 15 )
                  Total...........  3,792,764ᵐ³
```

Montant total des recettes......... . Fr.   756,832 52 { de 3,792,764ᵐ³ de gaz vendus, soit 19,95 %₀ ᵐ³, prix moyen de vente.

Montant total des dépenses.............   507,624 65 { de 3,792,764ᵐ³ de gaz vendus, soit 13,38 %₀ ᵐ³, prix moyen de revient.

Bénéfice net pour la Ville.... Fr.   249,207 87

Prix de revient du gaz vendu 0,1338.

Note sur l'Exploitation du gaz en régie de la ville de Grenoble

De l'enquête faite par M. l'Ingénieur Busquet, il résulte que pour l'année 1895 :

1° Les dépenses faites à Grenoble pour la fabrication du gaz se sont élevées, déduction faite des produits secondaires, à la somme de ....Fr. 507.624 65

2° Le produit de la vente du gaz s'est élevé à la somme de 756.832 25

Le bénéfice pour la Ville est donc de ....Fr. 249.207 52

A. — *Dépenses.*

Dans les dépenses, le charbon est compté au prix moyen de 23 fr. 40 c. la tonne. Le prix que la ville de Lyon ou son fermier serait obligé de payer ne serait probablement pas inférieur à ce chiffre.

Les dépenses comprennent 153,210 fr. pour intérêt et amortissement du capital et du matériel. Le capital dépensé par la Ville pour l'exploitation du gaz étant d'environ 2,000,000 de francs, le chiffre prévu pour amortissement n'en représente que les 7 %, ce qui est insuffisant au point de vue industriel ; il faudrait compter 5 % pour le capital, 5 % pour le matériel (transformation, renouvellement), soit 10 %.

Les produits secondaires qui viennent en déduction des dépenses comprennent des locations de compteurs et d'appareils pour 26,692 fr. 40 c. Il semblerait plus naturel de faire un compte spécial de ces recettes, ainsi que des dépenses corrélatives (achat d'appareils et de compteurs), qui sont sans doute compris ses dans le capital de premier établissement évalué en bloc à 2,000,000 de francs.

B. — *Recettes.*

Le gaz pour l'éclairage des allées et escaliers (lequel est obligatoire), est vendu à raison de 0 fr. 13 c. le mètre cube.

Le gaz industriel est vendu 0 fr. 20 c. le mètre cube, mais on en consomme très peu.

Le gaz pour usage domestique est vendu 0 fr. 25 c.

Enfin, le gaz pour éclairage public est porté en recette au prix fictif de 0 fr. 15 c. le mètre cube.

Dans ces conditions, le total des recettes s'établit comme il suit :

Services particuliers : 1° allées et escaliers, 512,203^{m3} à 0 fr. 13 c. Fr.   66.586 45

2° Usage domestique et industriel, 2,141,883^{m3} a 0 fr. 2425 (prix unique)....   519.460 37

Total, 2,654,086^{m3} (prix moyen, 0 fr. 221)........Fr.   586.016 82

Service public : 1,138,578^{m3} à 0 fr. 15 c 170.786 70

Total.........Fr.   756.833 52

C. — *Des conséquences qui résulteraient de l'abaissement des tarifs aux chiffres proposés pour Lyon.*

La Compagnie du gaz de Lyon propose de vendre aux particuliers le gaz à :

0 fr. 20 c. pour usage domestique ;

0 fr. 16 c. pour usage industriel.

En admettant que le gaz industriel soit le 1/5 du gaz vendu aux particuliers, le prix moyen ressort a :

$$\frac{4 \times 0.20 + 0.16}{5} = 0 \text{ fr. } 192$$

Sur ce prix, la Compagnie paye une une redevance de 10 % à la Ville, ce le réduit à 0 fr. 1728.

Le prix du gaz proposé pour le service public est 0 fr. 10 c.

Le chiffre des recettes s'élèverait, en adoptant ces tarifs, à 572,483 fr. 80 c., savoir :

Service particulier : 2,654,086^{m3} à 0 fr. 1728 . . Fr.   458,626 »

Service public : 1,138,578^{m3} à 0 fr. 10 c 113,857 80

Total..........Fr.   572,483 80

Si on rectifie le chiffre des dépenses en comptant à 10 %, l'intérêt et l'amortissement du capital et du matériel, il s'élève à 554,414 fr. 65 c. savoir :

Chiffre brut......... Fr.   507,624 65

A déduire intérêt et amortissement compté pour.....   153,210 »

Reste ....Fr.   354,414 65

A ajouter à titre d'amortissement 10 % sur un capital de 2,000,000 de fr .....   200,000 »

Total égal.....Fr.   554,414 65

Dans ce cas, le bénéfice ne serait plus que de : 573,483 fr. 80 c. — 554,414 fr. 65 c. = 18,069 fr. 15 c.

Si l'on applique maintenant aux mêmes chiffres de consommation les tarifs proposés par la Compagnie du gaz pour la deuxième période, soit 0 fr. 19 c. le gaz domestique et 0 fr. 16 c. le gaz industriel, on obtient les résultats suivants :

D'abord le prix moyen perçu par la Compagnie n'est plus que de 0 fr. 1656, redevance déduite.

Le produit de la vente aux particuliers devient :

$2{,}654{,}086^{m3} \times 0{,}1656 =$ Fr. 439,516 65

Le produit du gaz public reste égal à............... 113,857 80

Total......... Fr. 553,374 45

Et comme le chiffre des dépenses rectifiées est de.. 554,414 65

Il y a un déficit de....Fr. 1,040 20

Lyon, le 17 décembre 1896.

L'Ingénieur en chef de la Ville.

RÉSAL.

ANNEXE N° 3

Bilan de l'Usine à gaz municipale de Valence (1895)

COMPTE D'EXPLOITATION

Dépenses

Dépenses du personnel, appointements et salaires ....Fr.	52.300 88

Dépenses diverses

Houille reçue : 6,781,170 kil. à fr. 14,45989	98.098 41
— transport : 6,784,170 kil. à fr. 6,78265..	46.014 70
Boghead reçu : 48,260 kil. à fr. 12............	579 05
— transport : 48,260 kil. à fr. 9,5317 ...	460 »
Transports divers.	527 50
Camionnage ... { Houille	5.491 75
Boghead..................	39 55
Divers....................	1.600 93
Matières épurantes.........................	136 70
Distillation des eaux ammoniacales...........	489 10
Entretien de l'usine, du matériel d'éclairage et de canalisation............................	14.228 67
Assurances contre les incendies et les accidents, contributions, impôts.....................	6.278 42
Fournitures d'appareils divers................	11.831 05
Frais d'enregistrement, de traités, de fournitures de bureau et menus frais	5.214 86
Location d'eau	799 96
Frais de location du magasin de vente et locaux y attenant.................................	1.125 »
	245.216 53
Non-valeurs	421 18
Certificats de réduction......................	518 86
Moins-value à l'inventaire	3.700 95
	249.857 52
Bénéfices nets de l'exercice	84.463 37
	334.320 89

Recettes

m3

Gaz. – Particuliers....	700,953,955	à 0,25 = Fr.	175.238 45
Arsenal et cartoucherie.	31,937	à 0,25.....	7.981 25
Compagnie P.-L.-M....	150,648	à 0,18.....	27.116 89
Moteurs et chauffage industriel..........	81,235	à 0,18.....	14.622 30
Exposition nationale..	3,821,075	à 0,18.....	687 77
Cercles militaires.....	3,446	à 0,175....	602 98
Allumeurs............	1,810	à 0,17	307 70
Commune du Bourg..	19,674	à 0,12....	2.360 88
	963.525,030	à 0,2304,13 Fr.	228.921 22
Coke, à divers, 3,045,454 kil. à 1,705.........			51.924 90
Poussier, à divers, 338,381 kil, à 0,375.......			1.268 90
Goudron, à divers, 271,732 kil. 250 à 3,3325....			9.055 50
Alcali, à divers, 22,318 kil. à 26,5798.........			5.932 10
Sous-produits divers, à divers, graphite, scories, débris réfractaires.................			4.018 92
Locations à divers............... 1.128 65 ⎰ pour le compte de la Ville 3.395 25 ⎱			4.523 90
Ventes à terme à divers....................			2.241 25
Plomberie, à divers........................			19.797 05
Travaux de premier établissement et diverses fournitures pour la Ville, à divers...........			6.637 15
Fr.			334.320 89

COMPTE DE FABRICATION

Houille distillée : 6,521,200 kil. à 21,68106 = Fr.	141.386 55	Coke produit : 3,912,720 kil. à 17,05 = Fr..... 66.711 85
Coke employé au chauffage : 1,430,900 kil. à 17,05..................................	24.396 80	Goudron produit : 260,848 kil. à 33,325........ 8.692 75
Matières employées à l'épuration.............	136 70	Sous-produits divers...................... 4.018 92
Appointements et salaires...................	39.556 87	Coût net du gaz produit : 1,778,585^{m3}.......... 151.640 35
Frais généraux et non-valeurs...............	14.358 28	
Frais d'usure et entretien..................	14.228 67	
Fr.	234.063 87	Fr. 234.063 87

Rendement de la houille

La houille distillée étant de 6,521,200 kil. et le gaz produit de 1,778,585^{m3},

Le rendement de la houille est de 27,27.

Chauffage des fours

La houille distillée étant de 6,521,200 kil. et le chauffage des fours ayant consommé 1,430,900 kil.,

La dépense pour le chauffage des fours est de 21,91 ou le 21,94/60me du coke produit.

Pertes et condensations

Le gaz produit étant de..................	1.778.585^{m3}
Différence du gaz restant en magasin au 31 décembre...........................	110
	1.778.475
Le gaz consommé étant de..............	1.485.158
Les pertes et condensations sont de........	293.317

soit le 16,49 % du gaz produit.

Prix de revient par mètre cube de *gaz produit :*

Le gaz produit étant de : 1,778,585^{m3} et le coût net de 154,640 fr. 35 c.,

Le prix de revient du mètre cube est de : 0 fr. 0869.

Prix de revient du mètre cube de gaz *utilement employé :*

Le gaz utilement employé étant de : 1,185,158^{m3} et le coût net du gaz produit de : 154,640 fr. 35 c.,

Le prix de revient du mètre cube est de : 0 fr. 1011.

Prix de revient du mètre cube de gaz *utilement employé, y compris amortissement et intérêts (50,000 fr.) :*

Le gaz utilement employé étant de : 1,185,158^{m3} et le coût net du gaz produit, avec amortissement et intérêts, étant dé : 204.640 fr. 35 c.,

Ce prix de revient du mètre cube est de : 0 fr. 1377.

Au 31 décembre 1895 :

Nombre d'abonnés	1.120
Nombre de moteurs.................	19
Nombre de réchauds, cuisinières, etc......	674

Note sur l'exploitation du gaz en régie de la ville de Valence

M. Busquet est allé faire une enquête sur place et, des comptes fournis par le Directeur de l'usine il résulte que pour l'année 1895 :

1° Les dépenses de fabrication et distribution de gaz se sont élevées, déduction faite des produits et recettes secondaires à la somme de 144,457 fr. 85 c. ;

2° Le produit de la vente du gaz s'est élevé à la somme de 228,921 fr. 22 c.

D'où il ressort un bénéfice pour la Ville de 84,463 fr. 37.

A. — *Dépenses.*

Le charbon est compté au prix moyen de 21 fr. 68 c. la tonne.

Les dépenses ne comprennent pas l'intérêt et l'amortissement du capital ni l'amortissement (ou renouvellement) du matériel.

Ce matériel est évalué 1,000,000 de fr. : les deux amortissements, celui du capital et celui du matériel, doivent être comptés au taux de 10 %, soit 100,000 fr.

Les produits secondaires qui sont déduits comprennent des locations de compteurs et d'installations particulières, mais pour une faible somme.

B. — *Recettes.*

Le gaz vendu par la Ville à la commune du Bourg est payé 0 fr. 12 c. le mètre cube. Il existe aussi un tarif spécial 0 fr. 17 c. pour le gaz vendu aux allumeurs et au cercle militaire.

Le gaz industriel est vendu 0 fr. 18 c. et le gaz domestique 0 fr. 25 c.

Les grosses consommations de gaz sont au tarif de 0 fr. 18 c. et 0 fr. 25 c.

Somme toute, il est vendu 993,525^{m3} pour 228,921 fr. 22 c., ce qui fait sortir un prix moyen de 0 fr. 23 c.

Le gaz consommé par l'éclairage public n'est pas porté au compté. Le volume de gaz consommé étant au

total	1,485,158^{m3}
et le volume vendu	993,525
l'éclairage public prend	491,633^{m3}

C. — *Application au cas de Valence des tarifs proposés pour Lyon.*

Si on applique aux chiffres de l'exploitation de Valence les tarifs proposés par la Compagnie du gaz de Lyon, on a les résultats suivants :

Pendant la première période de huit années, la Compagnie du gaz vendrait le gaz aux particuliers et à l'industrie au prix moyen de 0 fr. 1728 (voir note relative à Grenoble) et à la Ville, au prix de 0 fr. 10.

Les recettes s'élèveraient à 220,844 fr. 10 c., savoir :

Service particulier 993,525^{m3} à 0 fr. 1728 . . . . Fr.	171,681	10
Service public 491,633^{m3} à 0 fr. 10 c.	49,163	30
Et les dépenses majorées de 100,000 fr. pour intérêts et amortissement seraient à compter pour	244,457	85
D'où un déficit de . . . . . . Fr.	23,613	45

Observation.

Il convient de noter que la Ville n'est pas satisfaite de la régie et que celle-ci aurait été abandonnée si le Conseil municipal n'était pas hostile aux concessions.

L'Administration municipale se plaint de ce que le Régisseur ne fait rien pour exploiter économiquement et développer l'usage du gaz.

Le Régisseur se plaint des entraves et des difficultés que lui causent les règlements administratifs.

Lyon, le 21 décembre 1896.

L'Ingénieur en chef de la Ville

RÉSAL.

ANNEXE N° 4

Note sur l'exploitation du gaz et examen comparatif des solutions présentées

Pour pouvoir comparer les diverses solutions qui se présentent, il faut admettre que pendant la période à envisager (40 ans), la production du gaz se maintiendrait à un chiffre annuel constant, 30,000,000 mètres cubes. Cette hypothèse n'a rien d'invraisemblable, le libre usage de l'électricité, l'éventualité d'un emploi pratique de l'acétylène, devant contre-balancer fortement les effets de l'abaissement du prix du gaz.

Première solution. — *Projet de traité avec la Compagnie du gaz (1898-1938.)*

Le tableau n° 1 montre que — le capital de la Compagnie étant d'ailleurs rémunéré à raison de 6 °/₀ (intérêt et amortissement) — les bénéfices supplémentaires réalisés par la Compagnie seraient de 798,000 fr. par an pendant la première période, 785,000 fr. par an pendant la cinquième période. Le tableau n° 2 montre de quelle façon les bénéfices diminueraient de période en période.

On remarquera que pendant la cinquième période le produit des redevances payées à la Ville par la Compagnie ne s'élève qu'à 552,000 fr. (tableau 1, art. e) alors que l'éclairage public est compté (tableau 1, art. g) pour 680,000 fr. : d'où une différence de 128,000 fr. que la Ville aurait à payer à la Compagnie. Ce résultat est fictif, car si la vente du gaz aux particuliers et par suite la redevance à payer par la Compagnie à la Ville n'augmentent pas, la Ville aura la faculté de diminuer son éclairage au gaz de façon à en ramener la dépense au chiffre des redevances dues par la Compagnie, en faisant de l'éclairage électrique, lequel sera payé par les redevances des concessionnaires d'électricité. On peut donc poser en principe que de toutes façons l'éclairage de la Ville restera gratuit pendant la durée du traité, à très peu près.

Le tableau n° 5 montre que pendant la période de 40 ans envisagée, le bénéfice total de la Compagnie s'élèverait à 17,520,000 fr. outre la rémunération à 6 °/₀ de son capital.

Deuxième solution. — *Continuation des traités en cours (1898-1904); traité avec un ou plusieurs concessionnaires (1904-1938).*

Le tableau n° 3 montre que les traités en vigueur assurent à la Compagnie du gaz un bénéfice annuel de 2,850,000 fr., et outre de la rémunération de son capital à 6 °/₀.

En concédant le gaz à partir du 1ᵉʳ janvier 1904, la Ville pourrait obtenir des prix réduits de la part du ou des concessionnaires. Mais le tableau n° 1 (5ᵉ période) montre que si l'on imposait au concessionnaires de fournir l'éclairage public presque gratuitement et de vendre le gaz aux particuliers à 0 fr. 16 c., son bénéfice ne serait plus que de 78,000 fr. (le capital étant d'ailleurs rémunéré à raison de 6 °/₀) : il est évident que ce bénéfice est à peine comparable aux aléas de l'entreprise, et qu'aucun industriel consciencieux ne pourrait consentir un prix plus réduit.

Le tableaux n° 6 montre que le bénéfice de la Compagnie du gaz s'élèverait à 17,100,000 du 1ᵉʳ janvier 1898 au 1ᵉʳ janvier 1904; que le bénéfice du concessionnaire qui viendrait ensuite serait de 2,652,000 fr., depuis le 1ᵉʳ janvier 1904 jusqu'au 1ᵉʳ janvier 1938; que le total de ces bénéfices serait de 19,752,000 fr.

On admet que pendant la deuxième période (1904-1938) la Ville pourrait se soustraire à toute soulte au profit du concessionnaire, en faisant usage de l'éclairage électrique comme il est expliqué plus haut.

TROISIÈME SOLUTION. -- *Continuation des traités en cours (1898-1904); exploitation en régie (1904-1938).*

Pendant la première période (1898-1904) tout se passerait comme il est dit plus haut pour la deuxième solution.

Pendant la deuxième période, celle de la régie, la Ville ne serait assurée de couvrir ses frais d'exploitation et d'éclairage public qu'à la condition que le gaz soit vendu 0 fr. 16 c. (comme dans la deuxième solution), ainsi que le montre le tableau 4. Et encore la Ville ne serait-elle pas couverte contre les aléas énormes des opérations commerciales dont elle assumerait la charge (achats de charbon, vente de sous-produits, etc.).

RÉSUMÉ ET CONCLUSIONS

Si l'on considère que le seul bénéfice que la Ville ait à retirer de l'exploitation du gaz est la gratuité de l'éclairage public, la comparaison des trois solutions qui précèdent se réduit à celle des tarifs de vente du gaz aux particuliers d'une part, des bénéfices de l'exploitation d'autre part.

On a dès lors le tableau suivant :

	MODE D'EXPLOITATION	TARIF	BÉNÉFICE DE L'EXPLOITATION	
			PARTIEL	TOTAL
1re Solution.	Cie du gaz de 1898 à 1938.	Gaz industriel, 0,16. Gaz domestique, prix décroissant de 8 en 8 ans, de 0,20 à 0,16.	» »	17.520.000 »
2e Solution.	Cie du gaz de 1898 à 1904.	Gaz industriel, 0,250. Gaz domestique, 0,285.	17.100.000 »	19.752.000 »
	Concessionnaire de 1904 à 1938.	Gaz industriel, 0,16. Gaz domestique, 0,16.	2.652.000 »	
3e Solution.	Cie du gaz de 1898 à 1904.	Gaz industriel, 0,25. Gaz domestique, 0,285.	17.100.000 »	17.100.000 »
	Régie municipale.	Gaz industriel, 0,16. Gaz domestique, 0,16.	» »	

La comparaison de ces trois solutions montre que, quoi que l'on fasse, l'exploitation du gaz doit inévitablement donner lieu à un profit, pour une ou plusieurs sociétés, de 17 à 20 millions de francs.

La troisième solution (régie), semble réduire ce profit au minimum, mais il n'est pas téméraire de chiffrer à 3 millions au moins l'aléa d'une régie de 34 ans, en sorte que l'économie relative de cette solution n'est qu'un trompe-l'œil.

La première solution est donc la plus avantageuse au point de vue exclusif de la contribution prélevée sur le public. A ce point de vue il n'est pas douteux que, ainsi qu'elle l'a déclaré à diverses reprises, la Compagnie aurait beaucoup plus d'avantages à traiter avec la Ville en 1903 par exemple, plutôt qu'en 1898 : grâce aux traités actuels, elle aurait encaissé à cette époque le plus clair du bénéfice que lui promet le projet de traité pour toute la période de 40 ans, abstraction faite de la rémunération de son capital.

Lyon, le 15 février 1897.

L'Ingénieur en chef de la Ville,
RÉSAL.

Examen comparatif des solutions présentées

TABLEAU I	1re Période	5e Période
PROJET DE TRAITÉ	0f 20	0f 16
I. — *Dépenses.*		
a) Fabrication 30,000,000^{m3} à 0 fr. 055 ....Fr.	1.650.000	1.650.000
b) Frais généraux	700.000	700.000
c) Renouvellement et amortissement du matériel, agrandissement	440.000	440.000
d) Intérêt et amortissement du capital 6 °/₀ sur 13 millions.	780.000	780.000
Total pareil ....Fr.	3.570.000	3.570.000
e) Redevances payées à la Ville :		
Loyer de la canalisation	200.000	200.000
10 °/₀ sur le produit de la vente du gaz aux particuliers.	432.000	352.000
Total général ....Fr.	4.202.000	4.122.000
II. — *Recettes.*		
f) Vente du gaz aux particuliers :		
Pendant la première période :		
Usage domestique : 20,000,000^{m3} à 0 fr. 20 c ......Fr.	1.000.000	
— industriel : 2,000,000^{m3} à 0 fr. 16 c............	320.000	
Pendant la cinquième période, le prix unique est 0 fr. 16 c.		
Produit : 22 millions de mètres cubes à 0 fr. 16 c......	»	3.520.000
g) Vente de gaz à la Ville : 5,600,000^{m3} à 0 fr. 10 c.......	560.000	560.000
Entretien des becs de la voie publique : 8,000 becs à 15 fr..	120.000	120.000
	5.000.000	4.200.000
Bénéfices ....Fr.	798.000	78.000

TABLEAU II

PROJET DE TRAITÉ

En supposant que la vente du gaz aux particuliers, pour usage domestique, se maintienne à 20,000,000^{m3}, pendant la durée du projet de traité, chaque abaissement de 0 fr. 01 c. du prix de ce gaz :

1° diminue la recette brute de la Compagnie de 200,000 fr. ;

2° diminue la redevance que la Compagnie doit à la Ville de 20,000 fr.

Le bénéfice de la Compagnie est donc diminué de 200,000 fr. — 20,000 fr., soit 180,000 fr. pour chaque abaissement de 0 fr. 01 c. du prix du gaz pour usage domestique.

On peut dès lors calculer aisément, d'après le tableau II, le bénéfice probable annuel de la Compagnie, pour chaque période de huit ans du projet de traité·

	1re Période	2e Période	3e Période	4e Période	5e Période
Prix du gaz domestique ..	0f 20	0f 19	0f 18	0f 17	0f 16
Bénéfice annuel........	798.000f	618.000f	438.000f	258.000f	78.000f

TABLEAU III

TRAITÉS EN VIGUEUR.

I. — *Dépenses.*

a) Fabrication :

Gaz vendu aux particuliers.....................	22,000,000m3
Gaz vendu à la Villle { Voie publique	5,000,000
Bâtiments communaux..	600,000

Total...................... 27,600,000m3
Fuites 10 %........................ 2,400,000

Total..................... 30,000,000m3
à 0 fr. 055...Fr. 1,650,000 »
b) Frais généraux... 700,000 »
c) Renouvellement et amortissement du matériel, agrandissements. 400,000 »
d) Intérêt et amortissement du capital : 6 % sur 10,000,000 de fr.... 600,000 »
Le capital actions est réduit à 10,000,000, il n'y a pas de capital obligations.

Total.............................Fr. 3,350,000 »

II. — *Recettes.*

a) Vente du gaz aux particuliers :
Gaz pour usage domestique : 20,000,000m3 à 0 fr. 285 = ... 5,700,000 »
Gaz pour usage industriel : 2,000,000m3 à 0 fr. 25 = ... 500,000 »
b) Eclairage public.. mémoire.
La recette de ce chef est à très peu près balancée par les redevances payées à la Ville par la Compagnie de la Guillotière, mais en faisant abstraction de la dépense annuelle d'environ 150,000 fr. que le récent arrêté du Conseil de Préfecture met à la charge de la Ville.

Total......................Fr. 6,200,000 »

Bénéfices...........................Fr. 2,850,000

TABLEAU IV

<table>
<tr><td colspan="2">RÉGIE.</td><td colspan="2">II. — Recettes</td></tr>
</table>

RÉGIE.

I. — *Dépenses*.

a) Fabrication,
b) Frais généraux,
c) Renouvellement du matériel et agrandissements,
d) Intérêt et amortissement du capital.
Même total que total partiel du tableau I ....Fr. 3.570.000

II. — *Recettes*

Vente du gaz aux particuliers,
22,000,000 à 0 fr. 16 c...Fr. 3.520.000
Eclairage public........... 50.000

Total.........Fr. 3.570.000

Bénéfices.......Fr. » »

TABLEAU V

Exploitation du gaz pendant 40 ans, du 1er janvier 1898 au 1er janvier 1938.

PREMIÈRE SOLUTION

Projet de traite avec la Compagnie du gaz.

PÉRIODES	PRIX DU GAZ DOMESTIQUE	BÉNÉFICE DE L'EXPLOITANT	
		PAR AN	PAR PÉRIODE DE 8 ANS
1re période de 8 ans du 1er janvier 1898 au 1er janvier 1906................	0f20	798,000f	6,384,000f
2e période de 8 ans du 1er janvier 1906 au 1er janvier 1914................	0f19	618,000	4,944,000
3e période de 8 ans du 1er janvier 1914 au 1er janvier 1922................	0f18	438,000	3,504,000
4e période de 8 ans du 1er janvier 1922 au 1er janvier 1930................	0f17	258,000	2,064,000
5e période de 8 ans du 1er janvier 1930 au 1er janvier 1938................	0f16	78,000	624,000
Total..............		f	17,520,000f

TABLEAU VI

Exploitation du gaz pendant 40 ans, du 1er janvier 1898 au 1er janvier 1938.

DEUXIÈME SOLUTION

PÉRIODES	EXPLOITANT	BÉNÉFICE DE L'EXPLOITANT
Du 1er janvier 1898 au 1er janvier 1904 6 années	La Compagnie du gaz conservant les avantages des traités en vigueur, le gaz domestique restant à 0^f285	$6 \times 2,850,000^f = 17,100,000^f$
	Un ou plusieurs concessionnaires	
Du 1er janvier 1904 au 1er janvier 1938	Le gaz domestique étant à 0^f16 et les conditions d'exploitation étant celles de la 5e période du projet de traité.	$34 \times 78,000^f = 2,652,000^f$
	Total......................	$19,752,000^f$

ANNEXE N° 5

Recettes de l'éclairage particulier à Lyon

ANNÉES	COMPAGNIES DE		TOTAL DES RECETTES
	PERRACHE	LA GUILLOTIÈRE	
	fr. c.	fr. c.	fr. c.
1882	3.793.401 39	1.410.735 14	5.201.136 53
1883	3.902.088 55	1.499.322 93	5.401.411 48
1884	3.907.005 31	1.563.248 10	5.470.253 41
1885	3.871.926 04	1.587.453 21	5.459.379 25
1886	3.879.146 26	1.614.999 85	5.494.146 11
1887	3.895.570 53	1.633.599 07	5.529.169 60
1888	3.908.002 46	1.629.245 22	5.537.247 68
1889	3.972.440 45	1.664.196 62	5.636.637 07
1890	4.006.921 »	1.748.284 78	5.755.205 78
1891	3.929.920 22	1.773.687 65	5.703.607 87
1892	3.477.238 86	1.720.993 79	5.198.232 65
1893	3.231.239 27	1.686.040 31	4.917.279 58
1894	3.256.159 21	1.929.536 16	5.185.695 37
1895	3.224.658 16	1.914.207 91	5.138.866 07

ANNEXE N° 6

Etude sur les extensions à réaliser dans l'éclairage public tant ordinaire qu'intensif

Compagnie de Perrache

```
12,000 mètres de conduites, à...........Fr.    5  =   60,000 Fr.
   750 becs nouveaux, à....................   100  =   75,000  —
   320 déplacements, à.....................    40  =   12,800  —
   150 Schülke, à..........................   320  =   48,000  —
                                                      ___________
                                                      195,800 Fr.
```

Compagnie de la Guillotière

```
   165 Schülke, à...................Fr.   320  =   52,800 Fr.
 1,100 nouveaux becs, à...............     100  =  110,000  —
   710 déplacements, à................      40  =   28,400  —
18,000 mètres de conduites, à.........       5  =   90,000  —
                                                   ___________
                                                   281,200 Fr.
```

Compagnie de Vaise

```
     2 Schülke, à..................Fr.   320  =      640 Fr.
   260 nouveaux becs, à.............     100  =   26,000  —
    32 déplacements, à..............      40  =    1,280  —
                                                  ___________
                                                  27,920 Fr.

                                                  504.920  —
                      A valoir...............      45,080  —
                                                  ___________
                                                  550,000 Fr.
```

ANNEXE N° 7

Prix du gaz dans les principales villes de France, d'Allemagne et de Suisse

1° Prix du mètre cube de gaz dans les principales villes de France.

NOM DE LA VILLE	ÉCLAIRAGE	PARTICULIERS		OBSERVATIONS
	PUBLIC	GAZ INDUSTRIEL	ÉCLAIRAGE	
Paris..................	0 15	0 30	0 30	
Marseille..............		0 33	0 33	
Bordeaux..............	0 03 (1)	0 20	0 20	Depuis le 1er janv.1896.
Lille { éclairage public..	0 07	0 20	0 20	Prix de 1894 à 1934.
Lille { établissements communaux.	0 15			
Toulouse..............	0 11	0 20	0 24	
Saint-Etienne.......... { gratuite p' 4/6 production / le reste, 0 2136 }		0 267	0 267	
Nantes	0 125	0 25	0 25	Réduction à 0 fr. 10 pour l'éclairage public et à 0 fr. 22 pour les particuliers de 1907 à 1926.
Rouen { éclairage public.	0 17	0 25	0 25	
Rouen { établissements communaux.	0 15			
Reims.................	0 17	0 30	0 30	
Nancy.................	0 10	0 18	0 20	
Amiens...............	0 18	0 30	0 30	
Nice..................	0 15	0 25	0 25	
Montpellier............	0 20	0 30	0 30	

(1) La Compagnie a le monopole du gaz d'éclairage et de chauffage, elle ne paie à la Ville aucune redevance, ni aucune somme pour location de la canalisation.

www.ingramcontent.com/pod-product-compliance
Ingram Content Group UK Ltd.
Pitfield, Milton Keynes, MK11 3LW, UK
UKHW020035080726
13614UKWH00004B/1776